Charles L. Whitfield

Heilen des inneren Kindes

Charles L. Whitfield

Heilen des inneren Kindes

Hilfe für erwachsene Kinder
aus gestörten Familien

aus dem Amerikanischen von Bringfried Schröder

Medizin & Neues Bewußtsein

Titel der amerikanischen Originalausgabe:
»Healing the Child Within«
erschienen bei Health Communications, Inc., Deerfield Beach, Florida
Copyright © 1987 by Charles L. Whitfield
Copyright © 1993 der deutschen Ausgabe:
                Medizin & Neues Bewußtsein GmbH
                Postfach 5 / 8129 Wessobrunn

Alle Rechte der deutschen Ausgabe vorbehalten.

Übersetzung aus dem Amerikanischen von Dr. Bringfried Schröder

Covergestaltung Willi Koch, Düsseldorf
Satz: Space Type, Köln, gesetzt aus der Rotis SansSerif

ISBN 3-925610-02-2

Dieses Buch ist dem Kind in jedem von uns gewidmet.

Danksagung

Ich möchte mich vor allem bei den folgenden Personen bedanken, die den ersten Entwurf dieses Buches gelesen und mir konstruktive Vorschläge gemacht haben: Herb Gravitz, Julie Bowden, Vicki Mermelstein, Rebecca Peres, Jerry Hunt, John Femino, Jeanne Harper, Barbara Ensor, Lucy Robe, John Davis, Doug Hedrick, Mary Jackson, Barry Tuchfeld, Bob Subby und Anne Wilson Schaef.

Besonders dankbar bin ich auch für die Genehmigungen zum Nachdruck der Zitate von Portia Nelson, Arthur Deikman, Alice Miller, Bruce Fischer, Charles C. Finn, Timmen Cermak und das Gedicht eines anonymen Autors.

Inhalt

1. Wir entdecken das Kind in uns   11
2. Grundlagen des Konzepts vom Kind in uns   14
3. Was ist das Kind in uns?   22
4. Wie das Kind in uns unterdrückt wird   32
5. Störungen der Eltern, die zur Unterdrückung des Kindes in uns führen können   41
6. Die Dynamik der Scham und des schwach ausgeprägten Selbstwertgefühls   65
7. Die Rolle des Stresses: posttraumatische Streßstörungen   81
8. Wie können wir das Kind ins uns heilen?   87
9. Beginn der Beschäftigung mit den Kernproblemen   97
10. Identifizieren und Erleben der Gefühle   109
11. Der Prozeß des Trauerns   119
12. Fortsetzung der Trauerarbeit: der Mut, anderen Menschen unsere Geschichte zu erzählen   131
13. Transformation   147
14. Integration   162
15. Die Rolle der Spiritualität   170

Anhang
Eine Bemerkung zu den Therapiemethoden   191

Literatur   194
Nützliche Adressen   197

Tabellen

1. Namen und Merkmale des wahren Selbst und des co-abhängigen Selbst — 23
2. Hierarchie der menschlichen Bedürfnisse — 33
3. Störungen der Eltern, die sich auf erwachsene Kinder von Alkoholikern und Kinder aus anderen gestörten Familien auswirken — 42
4. Einige Definitionen der Co-Abhängigkeit — 47
5. Geistig-seelische und spirituelle Traumata, denen Kinder und Erwachsene ausgesetzt sein können — 63
6. Negative Regeln und Botschaften, die man häufig in Alkoholikerfamilien und anderen gestörten Familien hört — 71
7. Intensitätsskala einiger psychosozialer Streßfaktoren — 82
8. Bewußtseinsebenen und die Kommunikation von Gefühlen — 115
9. Einige Gefühle und ihr Gegenteil — 118
10. Beispiele für Verlusterlebnisse — 124
11. Verlusterlebnisse bei Alkoholismus usw. — 126
12. Der Heilung hinderliche Methoden und Strategien zur Schonung der Eltern — 141
13. Schritte zur Transformation und Integration bestimmter Problemfelder bei der Heilung des Kindes in uns — 150
14. Ähnliche Hierarchien menschlicher Bedürfnisse, Entwicklungsphasen und Bewußtseinsebenen — 173
15. Ebenen des Seins und Bewußtseins des Kindes in uns — 174
16. Klinisch-therapeutische Eigenschaften der 4. bis 7. Ebene des Selbst — 180

Abbildungen

1. Der Zyklus der Scham und des Zwangsverhaltens   76
2. Unsere Geschichte   136
3. Der Heilungsprozeß des inneren Kindes   164
4. Wir »co-kreieren« unsere Geschichte   166
5. Heilung und Wachstum durch unser Erleben, Erzählen unserer Geschichte und Beobachtung des Ganzen   168
6. Die Beziehung zwischen dem beobachtenden Selbst und dem Objekt-Selbst   182

1

Wir entdecken das Kind in uns

Einleitung

Das Konzept des inneren Kindes ist schon seit mindestens zweitausend Jahren Teil der Kultur unserer Welt. C.G. Jung nannte es das »göttliche Kind«, und bei Emmet Fox ist es das »Wunderkind«. Die Psychotherapeuten Alice Miller und Donald Winnicott nennen es »wahres Selbst«. Rokelle Lerner und andere Wissenschaftler, die auf dem Gebiet der Drogenabhängigkeit arbeiten, nennen es das »innere Kind«.

Das innere Kind ist der Teil eines jeden von uns, der lebendig, voller Lebenskraft, schöpferisch und erfüllt ist; es ist unser wahres Selbst – das, was wir wirklich sind.

Unsere Eltern und die Gesellschaft haben unbewußt dazu beigetragen, daß die meisten von uns das Kind in sich ablehnen. Wenn aber dieses Kind nicht umsorgt wird und man ihm keine Möglichkeit bietet, sich frei auszudrücken, entsteht ein falsches oder »co-abhängiges« Selbst, wie es in der Fachsprache heißt. Dann erleben wir unser Dasein aus der Sicht eines Opfers, und es wird uns dann schwerfallen, seelische Traumata aufzulösen. Wenn sich unerledigte geistig-seelische Probleme mit der Zeit immer mehr aufstauen, können chronische Ängste, Zustände der Verwirrtheit, eine innerer Leere und ein generelles Gefühl des Unglücklichseins entstehen.

Die Verleugnung des inneren Kindes und die daraus resultiernde Entwicklung eines co-abhängigen Selbst lassen sich vor allem häufig bei Kindern und Erwachsenen beobachten, die in gestörten Familien groß geworden sind, die zum Beispiel durch chronische körperliche oder seelische Erkrankungen, Rigidität, Gefühlskälte oder einen Mangel an liebevoller Fürsorge gekennzeichnet sind.

Es gibt jedoch einen Ausweg. Wir können das Kind in uns entdecken und heilen, so daß wir uns von den Fesseln und Leiden unseres falschen Selbst befreien können. Und davon handelt dieses Buch.

Kann mir dieses Buch helfen?

Nicht jeder ist als Kind schlecht behandelt oder mißbraucht worden. Niemand kennt die genaue Zahl der Menschen, die mit einem gesunden Maß an Liebe, Fürsorge und Anleitung groß geworden sind. Ich schätze, daß es ungefähr 5 bis 20 Prozent sind. Das bedeutet, daß 80 bis 95 Prozent der Menschen auf das notwendige Maß an Liebe, Fürsorge und Anleitung verzichten mußten, so daß sie als Erwachsene nicht in der Lage sind, beständige, gesunde Beziehungen zu pflegen und mit sich und dem, was sie tun, zufrieden zu sein.

Da es Ihnen unter Umständen nicht leichtfällt zu entscheiden, ob Ihr Verhältnis zu sich selbst und zu anderen mehr oder weniger gesund ist, sollten Sie einmal die folgenden Fragen beantworten.

Ich nenne den Fragebogen »Ermittlung des Heilungspotentials«, denn es ist nicht nur ein Indikator für die Schwere unserer Verletzung, sondern auch für das Potential, mit dessen Hilfe wir uns entwickeln können, um ein lebendiges, abwechslungsreiches und glückliches Leben zu führen.

Wir entdecken das Kind in uns

Ermittlung des Heilungspotentials

Umkreisen Sie das Wort, das am besten beschreibt, wie Sie sich *wirklich* fühlen.

1. Brauchen Sie Bestätigung und Zustimmung?
   nie   selten   gelegentlich   häufig   gewöhnlich

2. Können Sie Ihre eigenen Leistungen nicht anerkennen?
   nie   selten   gelegentlich   häufig   gewöhnlich

3. Haben Sie Angst vor Kritik?
   nie   selten   gelegentlich   häufig   gewöhnlich

4. Neigen Sie dazu, sich zu überfordern?
   nie   selten   gelegentlich   häufig   gewöhnlich

5. Hat Ihnen Ihr zwanghaftes Verhalten schon einmal Probleme gemacht?
   nie   selten   gelegentlich   häufig   gewöhnlich

6. Leiden Sie unter einem Perfektionsdrang?
   nie   selten   gelegentlich   häufig   gewöhnlich

7. Fühlen Sie sich unwohl, wenn Ihr Leben in glatten Bahnen läuft? Rechnen Sie ständig mit Problemen?
   nie   selten   gelegentlich   häufig   gewöhnlich

8. Fühlen Sie sich am lebendigsten, wenn Sie mitten in einer Krise stecken?
   nie   selten   gelegentlich   häufig   gewöhnlich

9. Fällt es Ihnen leichter, sich um andere zu kümmern als um sich selbst?
   nie   selten   gelegentlich   häufig   gewöhnlich

10. Isolieren Sie sich von anderen Menschen?
    nie   selten   gelegentlich   häufig   gewöhnlich

11. Haben Sie Angst vor Autoritätspersonen oder Menschen, die wütend sind?
    nie   selten   gelegentlich   häufig   gewöhnlich

12. Haben Sie das Gefühl, daß Sie von einzelnen Menschen und von der Gesellschaft im allgemeinen ausgenützt werden?
    nie   selten   gelegentlich   häufig   gewöhnlich

13. Haben Sie Probleme mit Intimbeziehungen?
    nie   selten   gelegentlich   häufig   gewöhnlich

14. Ziehen Sie zwanghafte Menschen an und fühlen sich auch von ihnen angezogen?
    nie   selten   gelegentlich   häufig   gewöhnlich

15. Klammern Sie sich an Beziehungen, weil Sie Angst vor dem Alleinsein haben?
    nie   selten   gelegentlich   häufig   gewöhnlich

16. Begegnen Sie Ihren eigenen und den Gefühlen anderer Menschen häufig mit Mißtrauen?
    nie   selten   gelegentlich   häufig   gewöhnlich

17. Fällt es Ihnen schwer, Ihre Gefühle auszudrücken?
    nie   selten   gelegentlich   häufig   gewöhnlich

Wenn Sie diese Fragen mit »gelegentlich«, »häufig« oder »gewöhnlich« beantwortet haben, sollten Sie weiterlesen. (Diese Fragen wurden mit Genehmigung des Autors in leicht veränderter Form aus »Al-Anon Family Group«, 1984 entnommen.)

Weitere Fragen, über die Sie sich Gedanken machen sollten:

18. Haben Sie Angst vor
    - Kontrollverlust
    nie   selten   gelegentlich   häufig   gewöhnlich

    - Ihren eigenen Gefühlen
    nie   selten   gelegentlich   häufig   gewöhnlich

    - Konflikten und Kritik
    nie   selten   gelegentlich   häufig   gewöhnlich

    - Zurückweisung oder vor dem Verlassenwerden?
    nie   selten   gelegentlich   häufig   gewöhnlich

    - dem Versagen?
    nie   selten   gelegentlich   häufig   gewöhnlich

19. Fällt es Ihnen schwer, sich zu entspannen und Spaß zu haben?
    nie   selten   gelegentlich   häufig   gewöhnlich

20. Haben Sie das Gefühl, daß Sie zwanghaft essen, arbeiten, trinken, Drogen nehmen oder Zerstreuung suchen?
    nie   selten   gelegentlich   häufig   gewöhnlich

21. Haben Sie versucht, sich beraten zu lassen, haben Sie einen Psychotherapeuten aufgesucht und trotzdem immer noch das Gefühl, daß mit Ihnen irgend etwas nicht stimmt oder Ihnen etwas fehlt?
    nie   selten   gelegentlich   häufig   gewöhnlich

22. Fühlen Sie sich oft wie betäubt, innerlich leer, oder sind Sie häufig traurig?
    nie   selten   gelegentlich   häufig   gewöhnlich

23. Fällt es Ihnen schwer, anderen Menschen zu vertrauen?
    nie   selten   gelegentlich   häufig   gewöhnlich

24. Haben Sie ein übertriebenes Verantwortungsgefühl?
    nie   selten   gelegentlich   häufig   gewöhnlich

25. Haben Sie das Gefühl, weder in Ihrem Privatleben noch in Ihrem Beruf Erfüllung zu finden?
    nie   selten   gelegentlich   häufig   gewöhnlich

26. Leiden Sie unter Schuldgefühlen oder Minderwertigkeitsgefühlen?
    nie   selten   gelegentlich   häufig   gewöhnlich

27. Leiden Sie unter chronischen Erschöpfungszuständen oder Schmerzen?
    nie   selten   gelegentlich   häufig   gewöhnlich

28. Fällt es Ihnen schwer, länger als ein paar Minuten oder ein paar Stunden bei Ihren Eltern zu sein?
    nie   selten   gelegentlich   häufig   gewöhnlich

29. Fällt es Ihnen schwer, eine Antwort zu finden, wenn man Sie nach Ihren Gefühlen fragt?
    nie   selten   gelegentlich   häufig   gewöhnlich

30. Haben Sie schon einmal darüber nachgedacht, ob Sie als Kind schlecht behandelt, mißbraucht oder vernachlässigt worden sind?
    nie   selten   gelegentlich   häufig   gewöhnlich

31. Fällt es Ihnen schwer, andere Menschen um etwas zu bitten?
    nie   selten   gelegentlich   häufig   gewöhnlich

Wenn Sie oft mit »gelegentlich«, »häufig« oder »gewöhnlich« geantwortet haben, kann Ihnen dieses Buch eine Hilfe sein. (Wenn Sie die meisten Fragen mit »nie« beantwortet haben, sind Sie sich womöglich Ihrer Gefühle nicht bewußt.)

Ich beschreibe in diesem Buch einige Grundprinzipien, die Ihnen helfen können, zu sich selbst zu finden. Ich sehe die Lösung des Problems in der Befreiung unseres wahren oder echten Selbst, in der Befreiung des Kindes in uns. Ich werde beschreiben, wie man die Heilung des wahren Selbst fördern, die Verwirrung verringern und die Schmerzen und Leiden lindern kann.

Ein solches Vorhaben kostet Zeit und Mühe und erfordert Disziplin. Sie sollten dieses Buch deshalb in den kommenden Monaten und Jahren immer wieder einmal durchlesen.

2

Grundlagen des Konzeptes vom Kind in uns

Hinweise auf den Gedanken eines Kindes in uns reichen bis in vorchristliche Zeit zurück. Zwei Entwicklungen aus der jüngsten Zeit haben sich jedoch als besonders wichtig für das gegenwärtige Verständnis erwiesen.

Kindesmißbrauch und Vernachlässigung

Die erste dieser Entwicklungen ist auf zwei Bewegungen zurückzuführen. Eine davon führte zur Gründung des Kinderschutzbundes, die andere ist aus der Interaktion verschiedener Ärzte und Autoren aus dem Bereich der Psychotherapie hervorgegangen. Diese Konzepte haben sich in den letzten fünfzig Jahren vermutlich zufällig in der gleichen Zeit entwickelt wie die zweite große Entwicklungslinie des »inneren Kindes«.

Zu dieser zweiten wichtigen Entwicklung zählt unter anderem das »12-Schritte-Programm« und die eng damit verbundene Behandlung von Alkoholikern und ihren Familien. Das mag für diejenigen eine Überraschung sein, die mit jedem dieser drei Bereiche nicht vertraut sind: Kindesmißbrauch, Psychotherapie und die Behandlung von Alkoholikern. Trotzdem besteht zwischen allen dreien eine enge Verbindung, wobei wichtige Beiträge aus jedem einzelnen Bereich kommen.

Die Behandlung von Alkoholikern

Die erfolgreiche Behandlung von Alkoholikern begann 1935 mit der Gründung der »Anonymen Alkoholiker«. Die meisten der AA-Gründer litten nicht nur unter Alkoholismus, sondern waren entweder erwachsene Kinder von Alkoholikern oder als Kind schlecht behandelt oder vernachlässigt worden. Viele von ihnen hatten erfolglos verschiedene Formen der Psychotherapie ausprobiert. Leider hat die Einzeltherapie von Alkoholikern und ihren Familienmitgliedern – abgesehen von speziellen Methoden der Behandlung des Alkoholismus – bis heute nur wenig Fortschritte gemacht.

Ähnlich wie in der Psychotherapie entdeckt man auch auf dem Gebiet der Behandlung von Kindern, die mißhandelt oder vernachlässigt wurden, erst allmählich die ungeheuren klinischen Fähigkeiten und die Effektivität, die auf dem Gebiet des Alkoholismus, der Drogenabhängigkeit und der »Co-Abhängigkeit« (dieser Begriff wird auf Seite 46 f. definiert) entwickelt worden sind. Umgekehrt profitieren wir allerdings auch auf dem Gebiet der Alkoholikerbehandlung von den Erfahrungen der Psychotherapie mißbrauchter und vernachlässigter Kinder.

In den ersten zwanzig Jahren ihres Bestehens hat die Mitgliederzahl der »Anonymen Alkoholiker« rapide zugenommen, und die Methode wurde zu *der* »Behandlung« des Alkoholismus. Die 12-Schritte-Therapie war für die bis dahin mißverstandenen und falsch behandelten Alkoholiker eine Offenbarung. Mitte der fünfziger Jahre entstanden sowohl die Bewegung der Familientherapie wie auch die Al-Anon-Gesellschaft – die Familien und Freunden von Alkoholikern hilft. Den *Kindern* aus Alkoholikerfamilien wurde jedoch wenig Beachtung geschenkt, das galt vor allem für das innere Kind aller Betroffenen.

Bis Ende der sechziger Jahre ließ sich weder in Artikeln noch in Büchern ein ernsthaftes Interesse an den Kindern aus Alkoholikerfamilien feststellen. Das erste Buch zu diesem Thema, *The Forgotten Children* von Margaret Cork, wurde 1969 veröffentlicht. Von dieser Zeit an gab es mehr Literatur, und das Interesse nahm zu.

Familie und Kinder

Ende der siebziger und Anfang der achtziger Jahre wurden dann praktische Methoden entwickelt, die das Verständnis für die Angehörigen von Alkoholikern und Drogenabhängigen förderten und Hilfe anboten. Das Gebiet hat sich so rasch entwickelt, daß sich heute bereits einige Ärzte und Pädagogen darauf spezialisieren. In den USA förderte die Gründung der »National Association for Children of Alcoholics (NACoA)« den Aufbau einer landesweiten Organisation und die Verbreitung von Informationen. Zur gleichen Zeit taten sich die ersten Selbsthilfegruppen für erwachsene Kinder von Alkoholikern zusammen, für die sich die Abkürzung »EKA-Gruppen« eingebürgert hat. Inzwischen wachsen diese Gruppen so schnell, daß in den USA schätzungsweise täglich eine neue Gruppe ins Leben gerufen wird, und auch in Deutschland finden die EKA-Gruppen ebenso wie die Al-Anon-Familiengruppen immer mehr Verbreitung.

Während der letzten Jahre und Jahrzehnte ist das Konzept des inneren Kindes wieder aufgetaucht und herangereift, und das sowohl im Hinblick auf die Therapie der Familien von Alkoholikern als auch auf die Psychotherapie.

Psychotherapie

Das Engagement der Psychotherapie für das Konzept des »inneren Kindes« begann mit der Entdeckung des Unbewußten und der darauffolgenden Freudschen Theorie des Traumas. Freud ließ diese Theorie allerdings zugunsten einer anderen, zur Heilung kindlicher Traumata weniger geeigneten, fallen – der Triebtheorie und der Theorie des Ödipuskomplexes. Während viele der intelligentesten und schöpferischsten Schüler und Kollegen Freuds wie Jung, Adler, Rank und Assagioli diese Theorien ablehnten und ihre eigenen wertvollen Beiträge auf dem Gebiet der Psychotherapie leisteten, rückte das Konzept des »Kindes in uns« – des wirklichen oder wahren Selbst – allmählich in den Vordergrund. Beiträge von Erikson, Klein, Horney, Sullivan, Fairbairn, Hartman,

Jacobson und anderen bereiteten den Weg für den Londoner Kinderarzt Donald Winnicott, der seine eigenen Beobachtungen an Müttern, Säuglingen und Kindern beschrieb. Dazu gehörten spezifische Beobachtungen des wirklichen oder wahren Selbst, also des Kindes in uns, das für unser Leben von entscheidender Bedeutung ist und uns das *Gefühl* gibt, lebendig zu sein.

Unter Berufung auf die Literatur der Psychoanalyse und Psychotherapie, vor allem auf Winnicott und Freud, auf der Grundlage von Beobachtungen an ihren eigenen Patienten und nach dem Studium der Arbeiten über Kindesmißhandlungen begann Alice Miller, das Thema Mißbrauch und Vernachlässigung des Kindes in die psychoanalytische Theorie zu integrieren. In ihren drei Büchern weist sie allerdings nur zweimal auf den bedeutsamen Zusammenhang zwischen Alkoholismus als einer wichtigen Störung der Eltern und den Störungen des inneren Kindes hin, obwohl ein großer Teil ihrer Patienten – und der Patienten ihrer Kollegen – wahrscheinlich erwachsene Kinder von Alkoholikern und co-abhängigen Menschen waren. Ich mache ihr daraus keineswegs einen Vorwurf, denn ich glaube, sie hatte die gleiche unvollständige Ausbildung, die ich und die meisten, die in einem sozialen Beruf arbeiten, genossen haben – d.h. eine Ausbildung ohne grundlegende Informationen über Alkoholismus und Co-Abhängigkeit als primäre Krankheiten. Was diese zwei weitverbreiteten klinischen Indikationen anbetrifft, muß man unsere Ausbildung sogar als *negativ* bewerten.

Körperliche Erkrankungen

Ein weiterer Beitrag zur Heilung des Kindes in uns stammt aus dem Gebiet der Gruppentherapie und der gelenkten Imagination als Hilfe bei der Krebsbehandlung. Die Beobachtung, daß viele Krebspatienten ihre eigenen Bedürfnisse vernachlässigten und ihre Gefühle unterdrückten, veranlaßte Matthews-Simonton und andere dazu, Methoden vorzustellen, mit deren Hilfe man in solchen Fällen Abhilfe schaffen kann. Andere Mediziner behandeln inzwischen Herzkrankheiten und andere lebensbedrohliche Erkrankungen mit ähnlichen Metho-

Grundlagen des Konzepts vom Kind in uns

den. Ich glaube, daß diese Prinzipien und Techniken zur Heilung des Kindes in uns wichtige und nützliche Anwendungsmöglichkeiten bieten, um alle Arten von Krankheit zu heilen und Leiden zu lindern.

Spiritualität

Das letzte Feld, das die vorangegangenen mit dem Kind in uns verbindet, ist das der Spiritualität. Sie stellt eine Behandlungshilfe dar, die in effizienter Weise zur Heilung von Alkoholikern und vom Alkoholismus betroffenen Familien beitragen kann. Einige Psychotherapeuten und Ärzte haben ihren Wert bereits erkannt. Wenn ich im vorliegenden Buch von Spiritualität spreche, meine ich damit *nicht* irgendeine organisierte Religion (das gilt vor allem für das 15. Kapitel). Ich habe schon in *Alcoholism and Spirituality* geschrieben, daß ich davon überzeugt bin, daß Spiritualität bei der vollständigen Heilung jeder körperlichen oder seelischen Krankheit eine entscheidende Rolle spielt, vor allem auch dazu, daß wir das Kind in uns, unser wahres Selbst, entdecken und schließlich befreien können.

Aber was ist eigentlich dieses Kind in uns? Woran können wir es erkennen, oder wie können wir es spüren? Welche Bedeutung hat es bei der Heilung der obengenannten Störungen und bei anderen körperlichen, geistig-seelischen und spirituellen Erkrankungen?

3

Was ist das Kind in uns?

Es mag weit hergeholt, schwer zu fassen oder sogar fremd erscheinen, aber wir alle haben in uns ein Kind – das ist der Teil von uns, der lebendig, voller Energie, schöpferisch und erfüllt ist. Dieser Teil ist unser wahres Selbst – das, was wir wirklich sind. Horney, Masterson und andere ebenso wie einige Psychotherapeuten, zum Beispiel Winnicott und Miller, sprechen in diesem Zusammenhang vom »wahren« oder »wirklichen« Selbst«. Manche Ärzte und Pädagogen, die ständig mit Alkoholikern und ihren Familien zu tun haben, nennen es das »innere Kind«.

Unsere Eltern, andere Autoritätspersonen und Institutionen (zum Beispiel Schule, Religion, Politik, Medien, ja sogar die Psychotherapie) bringen die meisten von uns so weit, daß sie das Kind in ihrem Inneren unterdrücken oder verleugnen. Wenn jedoch dieser vitale Teil eines jeden Menschen nicht fürsorglich behandelt wird und man ihm nicht die Möglichkeit bietet, sich frei auszudrücken, entsteht ein falsches oder co-abhängiges Selbst. In Tabelle 1 sind diese beiden Teile unserer Persönlichkeit näher beschrieben.

Das Kind in uns oder unser wahres Selbst

Ich benütze in diesem Buch folgende Bezeichnungen, die austauschbar sind: wirkliches Selbst, wahres Selbst, das Kind in uns, inneres Kind, göttliches Kind

Was ist das Kind in uns?

Tabelle 1. Namen und Merkmale des wahren und des co-abhängigen Selbst

Wahres Selbst	Co-abhängiges Selbst
authentisches Selbst	unauthentisches Selbst, Maske
wirkliches Selbst	falsches Selbst, Persona
echt	unecht, »Als ob«-Persönlichkeit
spontan	berechnend, planend
offen, liebevoll	verschlossen, ängstlich
entgegenkommend, kommunikativ	verweigert sich
akzeptiert sich selbst und andere	neidisch, kritisch, idealisierend, perfektionistisch
mitfühlend	fremdbestimmt, konformistisch
liebt vorbehaltlos	knüpft Liebe an Bedingungen
läßt Gefühle zu, auch angemessenen, spontanen, vorübergehenden Zorn	leugnet oder verbirgt Gefühle ein schließlich lang unterdrücktem Zorn und Groll
lebensbejahend	aggressiv und/oder passiv
intuitiv	rational, logisch
inneres Kind, Fähigkeit, kindlich zu sein	überentwickeltes Eltern-Erwachsenen-Skript; kann auch kindisch sein
will spielen und Spaß haben	geht Spiel und Vergnügen aus dem Weg
verletzlich	gibt vor, immer stark zu sein
kraftvoll im echten Sinn	eingeschränkte Kraft
vertrauensvoll	mißtrauisch
genießt, umsorgt zu werden	läßt sich nicht umsorgen
gibt sich hin	kontrolliert oder zieht sich zurück
gönnt sich etwas	selbstgerecht
offen für Unbewußtes	blockiert Unbewußtes
erinnert sich an das Einssein aller	vergißt das Einssein aller; fühlt sich ausgeschlossen
kann sich frei entwickeln	wiederholt oft unbewußte schmerzhafte Verhaltensmuster
privates Selbst	öffentliches Selbst

und höheres Selbst. Es ist auch unser »innerstes Selbst« oder unser »innerer Kern« genannt worden. Alle diese Bezeichnungen beziehen sich auf den gleichen Wesenskern in unserem Innern. Eine weitere Umschreibung lautet: Er ist das, was wir sind, wenn wir uns in intensiver Weise authentisch, echt oder lebendig fühlen.

Unser wahres Selbst ist spontan, offen, liebevoll, entgegenkommend und mitteilsam. Es akzeptiert uns selbst und andere. Es hat Gefühle, ganz gleich ob sie angenehm oder schmerzhaft sind. Und es drückt diese Gefühle aus. Unser wahres Selbst akzeptiert diese Gefühle, ohne sie zu verurteilen oder Angst vor ihnen zu haben, und gibt sich selbst die Möglichkeit, auf die Ereignisse des Lebens angemessen zu reagieren und sie zu würdigen.

Das Kind in uns ist ausdrucksfähig, lebensbejahend und kreativ. Es kann in einer reifen und entwickelten Form kindlich sein. Es möchte spielen und Spaß haben. Aber es ist auch leicht zu verletzen, wahrscheinlich, weil es so offen und vertrauensvoll ist. Es gibt sich selbst, anderen und letzten Endes dem ganzen Universum hin. Trotzdem verfügt es über wirkliche Macht (dieser Punkt wird im 11. und 15. Kapitel besprochen). Es ist in einer gesunden Weise sich selbst gegenüber großzügig, hat Freude daran, etwas zu bekommen und umsorgt zu werden. Es öffnet sich darüber hinaus dem weiten und geheimnisvollen Teil unseres Selbst, den wir das Unbewußte nennen. Es achtet auf die Botschaften, die uns unser Unbewußtes tagtäglich zukommen läßt, zum Beispiel in Form von Träumen, Leiden und Krankheiten.

Da es real ist, kann es sich auch weiterentwickeln. Während unser co-abhängiges Selbst vergißt, daß wir alle eins mit den anderen und mit dem Universum sind, erinnert sich unser wahres Selbst immer daran. Trotzdem ist das wahre Selbst für die meisten von uns gleichzeitig auch das private Selbst. Wer weiß, warum wir die Entscheidung getroffen haben, uns nicht mitzuteilen? Vielleicht ist es die Angst, verletzt oder zurückgewiesen zu werden. Man hat geschätzt, daß wir unser wahres Selbst anderen Menschen im Durchschnitt etwa 15 Minuten täglich zeigen. Wir wollen, aus welchen Gründen auch immer, diesen Teil für uns behalten.

Wenn wir wirklich unser wahres Selbst *sind*, fühlen wir uns lebendig. Es kann sein, daß uns das weh tut, weil wir verletzt, traurig oder wütend sind oder Schuldgefühle haben, trotzdem fühlen wir uns *lebendig*. Es kann auch sein, daß wir uns freuen, weil wir zufrieden, glücklich, begeistert oder sogar in Ekstase sind. Alles in allem fühlen wir uns dann jedenfalls ganz »da«, vollständig, zugehörig, real, heil und gesund. Wir fühlen uns lebendig.

Von der Geburt bis zum Tod und in allen wechselvollen Zeiten dazwischen lebt das innere Kind in uns auf eine natürliche Weise. Wir müssen nichts *tun*, um unser wahres Selbst zu sein, es *ist* ganz einfach. Wir brauchen es nur gewähren zu lassen, dann wird es sich ausdrücken, ohne daß wir uns dabei anstrengen müssen. Jegliche Anstrengung, die wir unternehmen, hat tatsächlich nur zur Folge, daß wir seine Existenz verleugnen und es daran hindern, sich auszudrücken.

Unser falsches oder co-abhängiges Selbst

Im Gegensatz dazu fühlt sich ein anderer Teil von uns unwohl, angestrengt oder unecht. Folgende Bezeichnungen, die ich verwende, sind austauschbar: falsches Selbst, co-abhängiges Selbst, unechtes oder öffentliches Selbst.

Unser falsches Selbst ist eine Tarnung. Es ist gehemmt, verschlossen und ängstlich. Es ist unser egozentrisches Ich bzw. unser Über-Ich, das ständig plant und sich abquält, selbstsüchtig und verschlossen ist. Es ist neidisch, kritisch, es idealisiert, tadelt, beschämt andere und ist perfektionistisch.

Da es sich von unserem wahren Selbst entfremdet hat, orientiert es sich an anderen, d.h., es richtet sich in seinem Verhalten nach den vermeintlichen Erwartungen anderer Menschen; es ist extrem konformistisch. Seine Liebe ist immer an Bedingungen geknüpft. Es tarnt sich und versteckt oder leugnet seine Gefühle. Trotzdem kann es falsche Gefühle äußern; das tun wir, wenn wir zum Beispiel die Frage: »Wie geht es dir?« häufig mit einem stereotypen »Gut« beantworten. Diese schnelle Reaktion ist oft nötig oder dient der Abwehr einer angstauslösenden Konfrontation mit dem falschen Selbst, das entweder selbst nicht weiß, wie es sich fühlt oder aber diese Gefühle als »falsch« oder »schlecht« abqualifiziert hat.

Statt mit angemessener Sicherheit aufzutreten, wie es das wahre Selbst tut, ist es häufig unangemessen aggressiv und/oder passiv.

Unser falsches Selbst neigt dazu, uns selbst gegenüber eine kritische »Elternhaltung« einzunehmen, wie das in der Terminologie der Transaktionsanalyse heißt. Es meidet Spiel und Spaß. Es gibt vor, »stark« und sogar »mächtig« zu sein. Dabei ist es tatsächlich ohnmächtig oder verfügt nur über eine minimale Macht und ist in Wirklichkeit außergewöhnlich ängstlich, mißtrauisch und destruktiv.

Da sich unser co-abhängiges Selbst zurückziehen will und immer die Kontrolle behalten muß, opfert es jede Möglichkeit, für jemanden sorgen zu können oder sich selbst umsorgen zu lassen. Es kann sich nicht hingeben. Es ist selbstgerecht und versucht, alle Informationen zu unterdrücken, die aus dem Unbewußten kommen, agiert selbst jedoch oft in quälender Weise aufgrund unbewußter Impulse. Da es die Tatsache unseres Einsseins mit dem Universum aus dem Auge verloren hat, fühlt es sich isoliert. Wir halten es für unser öffentliches Selbst, weil wir glauben, es wäre das, was die anderen in uns sehen wollen, und am Ende glauben wir, wir müßten uns selbst so sehen.

In der Rolle unseres falschen, co-abhängigen Selbst fühlen wir uns die meiste Zeit äußerst unwohl, wie betäubt, innerlich leer oder nicht echt. *Wir fühlen uns weder real noch vollständig, ganz oder gesund.* Auf der einen oder anderen Ebene spüren wir, daß mit uns etwas nicht stimmt, daß uns etwas fehlt.

Paradoxerweise haben wir häufig das Gefühl, daß dieses falsche Selbst unser natürlicher Zustand ist, daß es so ist, »wie wir sein sollten«. Das könnte der Grund für die Sucht sein, so sein zu wollen. Wir gewöhnen uns so sehr daran, ein co-abhängiges Selbst zu sein, daß unser wahres Selbst Schuldgefühle hat, so als wäre etwas nicht in Ordnung, als dürften wir uns nicht real und frei fühlen. Der bloße Gedanke an eine Veränderung dieses Zustands löst in uns Angst und Schrecken aus.

Was ist das Kind in uns?

Das falsche oder co-abhängige Selbst scheint allen Menschen eigen zu sein. Es ist unzählige Male beschrieben worden und wird in unserem Alltag ständig angesprochen. Man hat ihm die verschiedensten Namen gegeben wie: Überlebensmechanismus, psychopathisches, egozentrisches, defektes oder defensives Selbst. Auf das wahre Selbst, auf andere und auf eine Intimbeziehung kann es eine zerstörerische Wirkung haben. Es ist jedoch andererseits ein zweischneidiges Schwert und kann in bestimmter Weise auch nützlich sein. Aber wie nützlich ist es wirklich? Und unter welchen Umständen?

Das folgende Gedicht von Charles C. Finn beschreibt unseren Kampf mit dem falschen Selbst.

Bitte höre das, was ich nicht sage

Laß dich von mir nicht täuschen.
Laß dich von meinem Gesicht nicht täuschen.
Denn ich trage eine Maske, tausend Masken,
Masken, die ich nicht abnehmen kann, weil ich mich fürchte,
und keine von ihnen bin ich.
Die Kunst der Verstellung ist mir zur zweiten Natur geworden,
laß dich trotzdem nicht täuschen.
Laß dich um Gottes Willen nicht täuschen.
Ich erwecke bei dir den Eindruck, als ob ich mich sicher fühle,
als ob alles heiter und ungetrübt sei, sowohl in meinem Inneren als auch um mich herum,
als ob Selbstsicherheit und Gelassenheit meine zweite Natur seien,
als ob die See ruhig sei und ich alles unter Kontrolle hätte,
als ob ich niemanden nötig hätte.
Aber glaube mir nicht.
Mein Äußeres mag ruhig erscheinen, aber das Äußere ist eine Maske,
die sich ständig verändert und alles verbirgt.
Darunter liegt keine Gelassenheit.

Darunter liegen Verwirrtheit und Einsamkeit.
Aber das verberge ich. Ich möchte nicht, daß es irgend jemand erfährt.

Ich gerate in Panik, wenn ich daran denke, daß ich in meiner Schwäche und Angst bloßgestellt werden könnte.
Deshalb mache ich mir in panischer Angst eine Maske,
hinter der ich mich verstecken kann,
eine lässige, raffinierte Fassade,
die mir dabei hilft, andere zu täuschen,
die mich vor dem wissenden Blick schützt.
Aber nur ein solcher Blick kann mich retten.
Er ist meine einzige Hoffnung, und ich weiß das genau.
Das heißt, wenn ich anschließend angenommen
und geliebt werde.
Nur das kann mich von mir selbst befreien,
aus meinen selbsterrichteten Gefängnismauern,
von den Barrieren, die ich so sorgfältig aufbaue.
Das ist das einzige, was mir das zusichern kann, was ich mir nicht selbst zusichern kann:
daß ich wirklich etwas wert bin.

Aber das alles sage ich dir nicht. Ich wage es nicht. Ich habe Angst.
Ich habe Angst davor, daß deinem Blick keine Akzeptanz, keine Liebe folgt.
Ich habe Angst, daß du gering von mir denkst, daß du mich auslachst,
und dein Lachen würde mich töten.
Ich habe Angst, daß ich ganz tief in meinem Inneren ein Nichts bin, daß ich einfach nichts wert bin,
und daß du das erkennen und mich zurückweisen wirst.

Deshalb spiele ich mein Spiel, mein verzweifeltes Spiel,
bei dem die äußere Fassade Sicherheit vortäuscht,

Was ist das Kind in uns?

während sich im Inneren ein zitterndes Kind verbirgt.
Das ist der Anfang der glitzernden, aber leeren Parade der Masken,
und mein Leben wird zu einer Fassade.
Ich rede auf dich ein, elegant und oberflächlich,
Ich rede über alles Mögliche, das aber in Wirklichkeit keine Bedeutung hat,
und über nichts, was in Wirklichkeit alles ist,
über das, was in meinem Inneren Tränen vergießt.
Laß dich also nicht durch das täuschen, was ich sage,
wenn ich meine Schau abziehe.
Höre aufmerksam zu, und versuche, das zu hören, was ich nicht sage,
das, was ich gerne sagen würde,
was ich unbedingt sagen müßte, um überleben zu können,
aber nicht sagen kann.

Ich möchte mich nicht verstecken.
Ich möchte keine oberflächlichen, geheuchelten Spielchen spielen,
Ich möchte damit Schluß machen.
Ich möchte echt und spontan und ich selbst sein,
aber du mußt mir dabei helfen.
Du mußt mir die Hand reichen,
auch wenn es so aussieht, als sei das das letzte, was ich wollte.
Nur du kannst den leeren Ausdruck des lebendigen Toten aus meinen Augen wischen.
Nur du kannst mir meine Lebendigkeit zurückgeben.
Jedesmal, wenn du freundlich und zärtlich zu mir bist und mir Mut machst,
jedesmal, wenn du versuchst, mich zu verstehen, weil dir wirklich etwas an mir liegt,
wachsen meinem Herzen Schwingen,
ganz kleine Schwingen,
ganz schwache Schwingen,
aber Schwingen!

Mit der Macht deiner Berührung, die mich wieder fühlen läßt, kannst du mir wieder Leben einhauchen,
ich möchte, daß du das weißt.

Ich möchte dir sagen, wie wichtig du für mich bist,
wie du ein Schöpfer werden kannst – ein wirklicher Schöpfer –
der Person, die ich bin,
wenn du nur willst.
Du allein kannst die Mauern niederreißen, hinter denen ich zitternd kauere,
du allein kannst mir die Maske vom Gesicht reißen,
du allein kannst mich aus dem Schattenreich meiner panischen Angst und Unsicherheit erlösen, aus meinem einsamen Gefängnis,
wenn du nur willst.
Bitte tue es. Geh nicht an mir vorbei.
Du wirst es nicht leichthaben.

Eine langjährige Überzeugung, nichts wert zu sein, errichtet dicke Mauern.
Je näher du an mich herankommst,
um so blinder schlage ich womöglich zurück.
Das ist irrational, aber im Gegensatz zu dem, was in den Büchern über den Menschen steht,
bin ich oft irrational.
Ich kämpfe gegen genau das an, was ich mir am sehnlichsten wünsche.
Aber man hat mir gesagt, daß die Liebe stärker sei als starke Mauern,
und darin liegt meine Hoffnung.
Bitte, versuche diese Mauern niederzureißen
mit deinen starken Händen,
die trotzdem zärtlich sind,
denn ein Kind ist sehr empfindsam.

Was ist das Kind in uns?

Wer ich bin, wirst du dich womöglich fragen.
Ich bin jemand, den du sehr gut kennst.
Denn ich bin jeder Mann, der dir begegnet,
und jede Frau.

4

Wie das Kind in uns unterdrückt wird

Auf welche Weise unterdrücken oder verleugnen unsere Eltern, sonstige Autoritäten und Institutionen wie zum Beispiel Schule, Kirche, Politik, Medien, ja sogar die helfende Berufe das Kind in uns? Wie können wir feststellen, ob wir selbst davon betroffen sind? Welche Faktoren oder Störungen haben unsere Eltern und andere Menschen dazu gebracht, das Kind in uns zu unterdrücken?

Einige menschliche Bedürfnisse

Wenn die Bedingungen ideal sein sollen, müssen bestimmte menschliche Bedürfnisse befriedigt werden, damit das Kind in uns sich entwickeln kann. Ich habe die Arbeiten von Autoren wie Maslow, Weil, Miller und Glasser durchgesehen und eine Liste von 20 Faktoren oder Bedingungen zusammengestellt, die ich »menschliche Bedürfnisse« nenne (siehe Tabelle 2). Beinahe alle haben etwas mit uns selbst oder mit den Menschen um uns herum zu tun.

Wenn wir unser volles Potential ausschöpfen wollen, sind wir offensichtlich von der Erfüllung der meisten dieser Bedürfnisse abhängig. Wenn wir in einer Umgebung aufwachsen, in der diese Bedürfnisse nicht befriedigt werden, wachsen wir automatisch heran, ohne daß uns klar wird, daß sie nicht befriedigt wurden und auch jetzt noch nicht befriedigt werden. Wir sind dann häufig verwirrt und ständig unglücklich.

Überleben, Sicherheit und Geborgenheit

Ein Neugeborenes braucht so viel Zuwendung, daß immer jemand dasein muß, der seine Bedürfnisse befriedigt und auf diese Weise sein Überleben garantiert. Dazu gehören als Minimalforderung Sicherheit und Geborgenheit.

Tabelle 2. Hierarchie der menschlichen Bedürfnisse

1. Überleben
2. Sicherheit
3. Berührung, Hautkontakt
4. Zuwendung
5. Widerspiegelung und Echo
6. Orientierung und Anleitung
7. Zuhören
8. Real sein
9. Teilhaben
10. Akzeptieren
    - andere nehmen das wahre Selbst wahr, nehmen es ernst und bewundern es
    - Freiheit, man selbst sein zu können
    - die eigenen Gefühle werden von den anderen toleriert
    - Bestätigung
    - Respekt
    - Zugehörigkeitsgefühl und Liebe
11. Gelegenheit, Verluste zu betrauern und daran zu wachsen
12. Unterstützung
13. Loyalität und Vertrauen
14. Leistung
    - Bewältigen von Aufgaben, »Macht«, »Kontrolle«
    - Kreativität
    - ein Gefühl der Vollständigkeit haben
    - seinen Beitrag liefern
15. Bewußtseinsveränderung, über das Alltägliche hinausgehen
16. Sexualität
17. Freude oder Vergnügen
18. Freiheit
19. Umsorgen und Umsorgtwerden
20. Vorbehaltlos geliebt werden (einschließlich der Verbindung mit einer höheren Macht)

Berühren

Untersuchungen, die von Spitz, Montague und anderen durchgeführt wurden, haben uns gezeigt, wie wichtig Körperberührungen für den Menschen sind. Säuglinge, die keine Berührungen erleben, entwickeln sich nicht weiter, obwohl sie gut ernährt werden und Schutz genießen. Berühren hat die größte Wirkung in Form von Haut-zu-Haut-Kontakt. Experimente mit Kaninchen, die eine Diät zur Förderung von Arteriosklerose bekamen, zeigten, daß die Tiere, die von den Laboranten gehalten und gestreichelt wurden, im Gegensatz zu den anderen keine Arteriosklerose bekamen.

Es scheint so zu sein, daß wir in den Arm genommen und berührt werden müssen, um das Gefühl zu haben, umsorgt zu werden und dazuzugehören. Virginia Satir zufolge brauchen wir täglich vier bis zwölf Umarmungen, um gesund zu bleiben.

Zuwendung

Jedes Kind (und jeder Mensch) braucht Zuwendung. Die Mutter oder der Vater müssen sich um den Säugling oder das Kind kümmern, so daß zumindest seine Bedürfnisse nach Sicherheit, Geborgenheit und Berührung befriedigt werden.

Widerspiegelung und Echo

Das nächste Bedürfnis bezieht sich darauf, daß der Säugling, das Kind oder selbst noch der Erwachsene als fühlendes und denkendes Wesen bestätigt werden will. Die Widerspiegelung und das Echo bestehen darin, daß die Mutter durch Mimik, Körperhaltung und mit bestimmten Lauten oder Bewegungen in nichtverbaler Weise reagiert, so daß das Kind das Gefühl bekommt, verstanden worden zu sein.

An diesem Punkt wird uns klar, daß die körperliche, seelische und spirituelle Entwicklung des Kindes wahrscheinlich gehemmt wird, wenn diese ersten

Bedürfnisse nicht befriedigt werden. Eine Ursache dafür kann in der inneren Armut und Bedürftigkeit der Mutter liegen, die ihr Kind dazu *benutzt*, ihre eigenen Bedürfnisse zu befriedigen. Es ist erstaunlich, welch feines Gespür Säuglinge für die Bedürftigkeit der Mutter haben, so daß sie mit der Zeit sogar ihre *spezifischen* Bedürfnisse herausbekommen *und sie befriedigen.* Dafür muß natürlich ein hoher Preis gezahlt werden – die Verleugnung, Unterdrückung und Einengung des wahren Selbst des Kindes oder seines inneren Kindes. Dieser Preis steigt immer weiter, wenn das Kind erwachsen wird, und führt letztlich zu körperlichen, seelischen und spirituellen Leiden.

Orientierung und Anleitung

Orientierung und Anleitung gehören auch zu der Förderung, die der Säugling und das Kind brauchen, um sich weiterentwickeln zu können. Dazu können Ratschläge, Unterstützung und jede Form der verbalen oder nichtverbalen Hilfe zählen. Außerdem müssen die Erwachsenen Vorbild sein und dem Kind angemessene und gesunde soziale Fähigkeiten vermitteln.

Zuhören, Teilhaben und Akzeptieren

Es hilft uns schon, wenn wir das Gefühl haben, daß uns jemand zuhört, auch wenn er uns nicht immer verstehen kann. Besonders positive Formen des Zuhörens stehen im Zusammenhang mit den Positionen 9 bis 20 dieser Bedürfnishierarchie. Dazu gehören die Teilnahme an angemessenen Aktivitäten des Kindes, das *Akzeptieren* des Selbst – des inneren Kindes – des Säuglings, Kindes und schließlich des Erwachsenen. dazu gehören weiter: Die Mutter oder andere Bezugspersonen erkennen das wahre Selbst des anderen, nehmen es ernst und bewundern es. Sie zeigen ihre Akzeptanz, indem sie das Kind achten, es bestätigen und die *Gefühle* des wahren Selbst des anderen Menschen tolerieren. Dadurch bekommt das innere Kind die Möglichkeit, sich zu entwickeln und sein authentisches Selbst zu sein.

Der Leser erkennt womöglich jetzt schon, daß einige seiner Bedürfnisse nicht befriedigt worden sind – oder nicht befriedigt werden. Und das, obwohl wir erst die Hälfte der Hierarchie der menschlichen Bedürfnisse besprochen haben.

Verluste betrauern und daran wachsen

Bei jedem Verlust, den wir erleiden, sei er nun real oder nur vorgestellt, haben wir das Bedürfnis, zu trauern, d.h., die mit ihm verbundenen Schmerzen und das Leid zu verarbeiten. Dazu brauchen wir Zeit. Nur wenn wir unsere Trauerarbeit beenden, können wir auch daran wachsen. Die Behandlung des Trauerprozesses und der damit verbundenen Weiterentwicklung stellt einen wesentlichen Teil dieses Buches dar.

Unterstützung

Unterstützung heißt, daß der Freund oder die Bezugsperson die Suche, die Informationsaufnahme und die schöpferische Energie des wahren Selbst nicht blockiert, sondern alles Mögliche unternimmt, um sicherzustellen, daß das wahre Selbst seine Möglichkeiten realisieren kann.

Loyalität und Vertrauen

Zur Unterstützung gehört, daß sowohl der Gebende als auch der Nehmende loyal ist und Vertrauen hat. Ein Mensch kann nicht das wahre Selbst eines anderen Menschen über einen längeren Zeitraum verraten, ohne der Beziehung ernsten Schaden zuzufügen. Um sich entwickeln zu können, muß das Kind in uns das Gefühl haben, daß man ihm vertraut, und muß seinerseits anderen Menschen mit Vertrauen begegnen können.

Leistung

Auf einer elementaren Ebene bedeutet Leistung »Macht«, »Kontrolle« oder das Potential, etwas meistern zu können, d.h. den Glauben daran, daß man etas vollbringen *kann*. Auf einer höheren Ebene bedeutet es nicht nur, daß man eine Aufgabe zu Ende führt, sondern daß einem das auch bewußt ist. Die womöglich höchste Form der Leistung besteht darin, daß man das Gefühl hat, einen Beitrag geleistet zu haben, durch den die Aufgabe selbst eine Bedeutung bekommt.

Manchen Menschen, die in gestörten oder dysfunktionalen Familien aufgewachsen sind, fällt es schwer, eine Aufgabe oder ein Projekt zu Ende zu führen oder Entscheidungen zu treffen. Das hängt damit zusammen, daß sie nie Gelegenheit hatten, so etwas zu üben, und nie von ihren Bezugspersonen dabei unterstützt und angeleitet wurden. Im Gegensatz dazu können andere Menschen aus gestörten Familien zum Beispiel in der Schule oder im Beruf große Leistungen vollbringen, während es ihnen häufig schwerfällt, eine gute Intimbeziehung aufzubauen.

Bewußtseinsveränderung, Freude und Vergnügen

Wenn man die Veränderung des eigenen Bewußtseins als ein menschliches Bedürfnis bezeichnet, stößt man auf Widerspruch. Das hängt mit der weitverbreiteten Meinung zusammen, daß man nur durch Alkohol oder andere stimmungsverändernde Drogen eine Bewußtseinsveränderung erreichen könne. In Wirklichkeit haben wir ein angeborenes, ja sogar biologisches Bedürfnis, unser Bewußtsein ab und zu zu verändern, sei es, daß wir tagträumen, lachen, spielen, Sport treiben, uns auf ein Projekt konzentrieren oder schlafen. Eng verbunden damit sind ein weiteres Bedürfnis und eine andere Bewußtseinsveränderung: das Empfinden von Freude und Vergnügen. Vielen Kindern aus gestörten Familien fällt es schwer, sich zu entspannen und Spaß zu haben. Spontaneität und der Spieltrieb sind typische Merkmale des Kindes in uns.

Sexualität

Sexualität wird oft bei der Aufzählung der menschlichen Bedürfnisse nicht erwähnt. Ich meine mit Sexualität nicht nur den Geschlechtsverkehr, sondern die ganze Spielbreite der Möglichkeiten, angefangen von dem angenehmen Gefühl, ein Mann oder eine Frau zu sein, über die verschiedenen Aspekte des sexuellen Verhaltens bis zur Entdeckung des Mannes (Animus) in der Seele der Frau und der Frau (Anima) in der Seele des Mannes.

Viele von uns, die in gestörten Familien aufgewachsen sind, haben Schwierigkeiten mit ihrer sexuellen Identität und mit den Funktionen und der Freude daran. Und einige von uns sind direkt oder indirekt sexuell mißbraucht worden.

Freiheit

Frei zu sein, um etwas wagen zu können, Experimente zu machen und spontan das tun zu können, was nötig ist, ist ein weiteres menschliches Bedürfnis. Teil dieses Bedürfnisses ist auch die Verantwortlichkeit. So ist Spontaneität etwas Gesundes, während bloße Impulsivität sich gegen unsere eigenen Interessen richten kann.

Umsorgen und Umsorgtwerden

Die vorletzte Stelle in der Hierarchie der menschlichen Bedürfnisse nimmt die Notwendigkeit ein, umsorgt zu werden und für andere sorgen zu können, d.h. eines der obengenannten Bedürfnisse oder alle so zu befriedigen, wie es in jeder Situation richtig ist. Die fürsorgliche Person muß allerdings in der Lage sein, für jemanden zu sorgen, *und* die bedürftige Person muß sich entspannen und hingeben können, damit man sie umsorgen kann. Beobachtungen, die ich bei Patienten, ihren Familien und anderen Menschen gemacht habe, lassen den Schluß zu, daß diese Gegenseitigkeit bei den Menschen selten vorkommt.

Vorbehaltlose Liebe

Das letzte Bedürfnis ist die vorbehaltlose Liebe. Für viele ist dieser Begriff nur schwer zu verstehen. Er wird im 15. Kapitel ausführlich behandelt.

Eltern, deren Leben unausgefüllt ist

Man trifft selten eine Mutter, einen Vater oder einen engen Freund, der *in der Lage wäre*, alle unsere Bedürfnisse zu befriedigen, oder uns zumindest dabei helfen könnte – geschweige denn einen Menschen, der sich uns in seiner ganzen Bedürftigkeit anbietet. (So dient zum Beispiel die Schwangerschaft und das Austragen des Kindes in erster Linie der Befriedigung der Bedürfnisse der Mutter.) Deshalb *betrauern* wir im Laufe unseres Heilungsprozesses den Umstand, daß unsere Bedürfnisse im Säuglingsalter, in der Kindheit, ja sogar im Erwachsenenalter nicht befriedigt worden sind. Es hilft darüber hinaus auch, wenn man trauert, weil man etwas bekommen hat, was man gar nicht haben wollte, was der Fall ist, wenn man uns als Kind schlecht behandelt oder mißbraucht hat. Der Trauerprozeß wird im 11. und 12. Kapitel beschrieben.

Viele Mütter, Väter und sonstige Bezugspersonen sind seelische Krüppel. Das ist wahrscheinlich darauf zurückzuführen, daß ihre eigenen Bedürfnisse im Säuglingsalter, in der Kindheit und im Erwachsenenalter nicht befriedigt wurden. Sie sind daher so bedürftig, daß sie dazu neigen, andere in unangemessener und ungesunder Weise dazu zu benützen, diese Bedürfnisse zu befriedigen. Jeder, der in der unmittelbaren Umgebung solcher Menschen lebt, sei es als Säugling oder als Kind, wird unbewußt benützt. Um überleben zu können, kompensiert das Kind, das nicht in der Lage ist, ein eigenes starkes Selbst zu entwickeln, indem es ein übertriebenes falsches oder co-abhängiges Selbst entwickelt.

Es mag einem zunächst unmöglich erscheinen, daß eine Mutter ihr verletzliches, hilfloses Neugeborenes dazu benützen kann, ihre eigenen Bedürfnisse zu befriedigen. Aber genau das geschieht sehr oft in gestörten Familien. Störungen, unter denen die Eltern und die Familie des Kindes leiden und die eine solche Verwirrung, Regression und Orientierungslosigkeit fördern, werden im 5. Kapitel beschrieben.

5

Störungen der Eltern, die zur Unterdrückung des Kindes in uns führen können

Wie kann uns die Mutter, der Vater oder im späteren Leben ein enger Freund dabei helfen, einen großen Teil *unserer Bedürfnisse zu befriedigen?* Zunächst einmal müssen ihre eigenen Bedürfnisse in der Kindheit befriedigt worden sein, und/oder sie müssen als Erwachsene den Prozeß der Heilung ihres inneren Kindes abgeschlossen und gelernt haben, wie sie ihre eigenen Bedürfnisse befriedigen können.

Es gibt allerdings bestimmte Bedingungen, die der Befriedigung der eigenen Bedürfnisse im Weg stehen können. Je stärker, kritischer oder fortgeschrittener die Störung der Eltern und der Familie ist, um so geringer ist die Wahrscheinlichkeit, daß die Bedürfnisse des Kindes befriedigt werden. Derartige Störungen des Elternhauses sind in Tabelle 3 aufgelistet. Das Wort »elterlich« soll sich dabei im weitesten Sinne nicht allein auf die Eltern, sondern auch auf die Geschwister und andere Personen beziehen. Im Leben eines älteren Kindes und vor allem im Erwachsenenalter ist damit *jede Person gemeint, die einem nahesteht oder in sonstiger Weise Einfluß nimmt.*

Alkoholismus und Drogenabhängigkeit

Alkoholismus und die Abhängigkeit von anderen Drogen kann man als ständig wiederkehrende Störungen, Probleme oder Schwierigkeiten definieren, die im

Zusammenhang mit dem Trinken oder mit dem Konsum von Drogen stehen. Die Störung kann in einem oder mehreren Bereichen auftreten, dazu zählen Beziehungen, Schule, Konflikte mit dem Gesetz, finanzielle Probleme, Gesundheit, spirituelle und berufliche Aspekte.

Tabelle 3. Störungen der Eltern, die sich auf erwachsene Kinder von Alkoholikern und Kinder aus anderen gestörten Familien auswirken

Alkoholismus

Abhängigkeit von anderen Drogen

Co-Abhängigkeit

Chronische seelische Erkrankungen und gestörte körperliche Gesundheit

Extreme Rigidität, bestrafende, verurteilende Haltung
Lieblosigkeit, Perfektionismus, Unfähigkeit

Kindesmißbrauch - körperlich, sexuell, seelisch, spirituell

Weitere Störungen, zum Beispiel solche, die mit post-traumatischen Streßstörungen zusammenhängen

Es ist bekannt, daß Kinder von Alkoholikern und andere Familienmitglieder die Tatsache, daß ein Elternteil oder ein anderes Familienmitglied alkoholkrank oder drogensüchtig ist, oft *nicht wahrnehmen*. Nach Black (1984) verdrängt fast die Hälfte aller erwachsenen Kinder von Alkoholikern das Problem. Und bis zu 90 Prozent der Kinder von Alkoholikern, die selbst alkohol- oder drogenabhängig wurden, können das Problem des Elternteils nicht erkennen. Dieser Mangel an Bewußtsein für die Hauptursache des Chaos in der Familie bewirkt eine weitgehende, destruktive und unnötige Akzeptanz des Problems und gleichzeitig Selbstbeschuldigungen und Schuldgefühlen bei den übrigen Familienmitgliedern.

Störungen der Eltern...

Jeder Leser, der sich Sorgen macht, ob ein Elternteil oder ein anderer Verwandter trinkt oder drogenabhängig ist, sollte den folgenden Fragebogen ausfüllen, der sich auf die Trinkgewohnheiten der Familie bezieht. (Wenn Sie nicht mehr mit dem betreffenden Familienmitglied zusammenwohnen, oder wenn der Betreffende bereits gestorben ist, sollten Sie versuchen, die Fragen so zu beantworten, als lebten Sie noch mit ihm zusammen. Wenn Sie sich Sorgen machen, Ihr Verwandter könnte drogenabhängig sein, ersetzen Sie einfach das Wort »Trinken« durch »Drogenkonsum«.)

Fragen zu den Trinkgewohnheiten der Familie

	Ja	Nein
1. Erleben Sie bei einem Mitglied Ihrer Familie Persönlichkeitsveränderungen, wenn er/sie übermäßig trinkt?	___	___
2. Glauben Sie, daß dem Betreffenden das Trinken wichtiger ist als Sie?	___	___
3. Tun Sie sich häufig selbst leid, wenn Sie daran denken, was der Alkohol Ihrer Familie antut?	___	___
4. Hat der übermäßige Alkoholgenuß eines Mitglieds Ihrer Familie bei bestimmten Gelegenheiten alles verdorben?	___	___
5. Kommt es vor, daß Sie die Folgen des Trinkens einer anderen Person vertuschen?	___	___
6. Haben Sie jemals Schuldgefühle gehabt oder sich für das Trinken eines anderen Familienmitglieds verantwortlich gefühlt?	___	___
7. Führt der Alkoholgenuß eines Familienmitglieds zu Auseinandersetzungen und Streit?	___	___
8. Haben Sie schon einmal versucht, gegen den Alkoholiker anzukämpfen, indem Sie selbst getrunken haben?	___	___
9. Lösen die Trinkgewohnheiten einiger Familienmitglieder bei Ihnen Depressionen oder Zorn aus?	___	___

	Ja	Nein

10. Ist Ihre Familie wegen des Trinkens in finanziellen Schwierigkeiten? _____ _____
11. Hatten Sie jemals das Gefühl, ein unglückliches Zuhause zu haben, weil einige Mitglieder Ihrer Familie tranken? _____ _____
12. Haben Sie schon einmal versucht, das Verhalten des Trinkers unter Kontrolle zu bringen, indem Sie zum Beispiel seine Autoschlüssel versteckt oder den Alkohol weggeschüttet haben? _____ _____
13. Werden Sie durch das Trinken der betroffenen Person von Ihren Pflichten abgelenkt? _____ _____
14. Machen Sie sich oft Sorgen, weil ein Mitglied Ihrer Familie trinkt? _____ _____
15. Sind Feiertage für Sie ein Alptraum, weil sich dann ein Familienmitglied betrinkt? _____ _____
16. Sind die meisten Freunde des trinkenden Familienmitglieds selbst schwere Alkoholiker? _____ _____
17. Glauben Sie, dem Arbeitgeber, Verwandten und Freunden gegenüber lügen zu müssen, um das Trinken eines Familienmitglieds zu vertuschen? _____ _____
18. Haben Sie das Gefühl, daß Sie Familienmitgliedern gegenüber anders reagieren, wenn diese getrunken haben? _____ _____
19. War Ihnen das Verhalten des Trinkers schon einmal peinlich, und haben Sie sich für ihn entschuldigen müssen? _____ _____
20. Haben Sie wegen des Alkoholkonsums eines Mitglieds Ihrer Familie schon einmal Angst um Ihre eigene Sicherheit oder die anderer Familienmitglieder gehabt? _____ _____
21. Haben Sie jemals daran gedacht, daß eines Ihrer Familienmitglieder Alkoholprobleme haben könnte? _____ _____
22. Haben Sie schon einmal eine schlaflose Nacht gehabt, weil ein Mitglied Ihrer Familie trinkt? _____ _____
23. Haben Sie jemals ein Mitglied Ihrer Familie dazu aufgefordert, das Trinken aufzugeben oder einzuschränken? _____ _____

Störungen der Eltern...

	Ja	Nein
24. Haben Sie jemals damit gedroht, das Haus oder ein Familienmitglied wegen seines/ihres Trinkens zu verlassen?	___	___
25. Hat ein Familienmitglied Ihnen schon einmal etwas versprochen und sein/ihr Versprechen wegen des Trinkens nicht gehalten?	___	___
26. Hatten Sie jemals den Wunsch, mit jemanden zu reden, der verständnisvoll ist und Ihnen bei der Lösung des Alkoholproblems eines Mitglieds Ihrer Familie helfen könnte?	___	___
27. Haben Sie schon einmal das Gefühl gehabt, daß sich Ihr Magen vor Sorge zusammenzieht, oder haben Sie dabei geweint und sich elend gefühlt?	___	___
28. Ist es schon einmal vorgekommen, daß sich ein Familienmitglied am nächsten Tag nicht mehr an Dinge erinnern konnte, die während des Trinkens passiert waren?	___	___
29. Meidet das betroffene Mitglied Ihrer Familie Geselligkeiten, bei denen keine alkoholischen Getränke angeboten werden?	___	___
30. Gibt es nach dem Trinken bei dem Betroffenen Zeiten, in denen er sein Verhalten bereut und sich dafür entschuldigt?	___	___
31. Bitte beschreiben Sie alle Symptome oder nervösen Störungen, unter denen Sie leiden, seit Sie den starken Trinker kennen.	_____	

Wenn Sie zwei dieser Fragen mit »ja« beantwortet haben, besteht die Möglichkeit, daß ein Mitglied Ihrer Familie unter einem Alkoholproblem leidet.

Wenn Sie vier oder mehr Fragen mit »ja« beantwortet haben, ist das ein definitiver Indikator dafür, daß jemand in Ihrer Familie unter einem Alkoholproblem leidet.

(Dieser Fragebogen ist eine modifizierte Form des »Children of Alcoholics Screening Test«, des »Howard Family Questionnaire« und des »Family Alcohol Quiz« von Al Anon.)

Co-Abhängigkeit

Die nächste Störung ist die Co-Abhängigkeit, die ursprünglich in den 70er Jahren »Co-Alkoholismus« genannt wurde. Co-Abhängigkeit ist der umfassendere Begriff, der in den 80er Jahren geprägt wurde. In Tabelle 4 finden Sie fünf verschiedene Definitionen.

Co-Abhängigkeit ist eine Störung, die unser wahres Selbst, also das Kind in uns, unterdrückt, und die durch alle die Störungen der Eltern, die in Tabelle 3 aufgeführt sind, *verursacht wird* und sie gleichzeitig *verursacht*.

Wir können Co-Abhängigkeit zunächst als *jede Form eines Leidens und/oder einer Störung betrachten, die entweder mit einer Konzentration auf die Bedürfnisse und das Verhalten anderer Menschen zusammenhängt oder dadurch verursacht wird.*

Co-abhängige Menschen konzentrieren sich derart auf die Menschen, die in ihrem Leben eine wichtige Rolle spielen, und sind so mit ihnen beschäftigt, daß sie ihr wahres Selbst vernachlässigen. Schaef (1986) schreibt in ihrem Buch *Co-Dependence*, daß dieses Verhalten zu einem Prozeß des »Nichtlebens« führt, der sich ständig verschlimmert.

Co-Abhängigkeit tritt überall auf, wo es Menschen gibt. Sie kann viele Krankheiten vortäuschen, kann mit ihnen zusammenhängen oder sie verschlimmern. Sie entwickelt sich, wenn wir die Verantwortung für unser Leben und für unser Glück an unser Ego und an andere Menschen delegieren.

Die Entstehung der Co-Abhängigkeit

Die Entwicklungsgeschichte der Co-Abhängigkeit beginnt mit der Verdrängung unserer Beobachtungen, Gefühle und Reaktionen. Andere Menschen - häufig unsere Eltern - und nach einer gewissen Zeit wir selbst fangen an, diese oftmals entscheidenden *Signale aus unserem Inneren* für ungültig zu erklären.

Tabelle 4. Einige Definitionen der Co-Abhängigkeit

1. ...eine extrem abhängige Struktur gelernter Verhaltensweisen, Überzeugungen und Gefühle, die das Leben zur Qual werden lassen. Die Abhängigkeit bezieht sich auf Menschen und Dinge, die außerhalb des Selbst liegen, und führt darüber hinaus zu einer Vernachlässigung des Selbst, die dem Betroffenen nur ein geringes Maß an Identität läßt. (Smalley zitiert in Wegscheider-Cruse 1985)

2. ...Beschäftigung mit und extreme (emotionale, soziale und mitunter sogar körperliche) Abhängigkeit von einer Person oder einem Objekt. Nach einer gewissen Zeit wird diese Abhängigkeit von einem anderen Menschen pathologisch, so daß die Co-Abhängigkeit alle anderen Beziehungen beeinträchtigt. Das kann ... für alle Personen gelten, die (1) mit einem Alkoholiker in einer Liebesbeziehung leben oder mit ihm verheiratet sind, (2) bei denen ein Elternteil, beide Eltern oder die Großeltern Alkoholiker sind oder (3) die in einer Familie groß geworden sind, in denen Seelisches verdrängt wurde... Co-Abhängigkeit ist eine primäre Krankheit, unter der jedes Mitglied einer Alkoholikerfamilie leidet. (Wegscheider-Cruse 1985)

3. ...eine angegriffene Gesundheit, unangepaßtes oder problematisches Verhalten, das im Zusammenhang steht mit dem Zusammenleben, dem Arbeiten oder einer anderen Beziehung mit einem Alkoholiker (oder einem Menschen, der von anderen Drogen abhängig ist oder unter anderen chronischen Störungen leidet). Davon sind nicht nur Einzelpersonen, sondern auch Familien, Gemeinschaften, Betriebe und andere Institutionen, ja sogar ganze Gesellschaften betroffen. (Whitfield 1984/85)

4. ...ein emotionales, psychologisches und verhaltensorientiertes Muster der Lebensbewältigung, das darauf zurückzuführen ist, daß ein Mensch über einen längeren Zeitraum Reglementierungen ausgesetzt ist, durch die er unterdrückt wird und die er selbst auch praktiziert. Diese Reglementierung verhindert sowohl den offenen Ausdruck von Gefühlen als auch jede offene Diskussion über persönliche oder zwischenmenschliche Probleme. (Subby 1984)

5. ...eine Krankheit, die viele Formen hat, sich auf mannigfache Art ausdrücken kann und aus einem Krankheitsprozeß entsteht, den... ich Suchtprozeß nenne... Dieser Suchtprozeß ist ein gesundheitsschädlicher und abnormer Krankheitsprozeß, der aus Annahmen, Überzeugungen, Verhaltensweisen und einem Mangel an spirituellem Bewußtsein besteht, die zu einem Prozeß des Nichtlebens führen, der immer weiter fortschreitet. (Schaef 1992)

Es fängt in der Regel damit an, daß wir ein Familiengeheimnis oder irgendein anderes Geheimnis bewahren müssen. Da wir uns so intensiv auf die Bedürfnisse anderer Menschen konzentrieren, vernachlässigen wir unsere eigenen und unterdrücken auf diese Weise das Kind in uns.

Trotzdem haben wir noch Gefühle, häufig Gefühle des Schmerzes. Da wir aber diese Gefühle weiter verdrängen, werden wir immer unempfindlicher gegen seelische Schmerzen, in vielen Fällen sogar völlig empfindungslos und sind dann nicht mehr in der Lage, Verluste, die uns im Alltag widerfahren, vollständig zu betrauern.

All das blockiert die Entwicklung und das Wachstum der geistigen, seelischen und spirituellen Anteile unseres Seins. Aber wir spüren das Verlangen, mit unserem wahren Selbst in Kontakt zu treten und es kennenzulernen. Wir machen die Erfahrung, daß ein »kurzes Ausrasten«, oft in Form von zwanghaften Verhaltensweisen, uns einen kurzen Blick auf unser wahres Selbst gestattet. Wenn dieses Zwangsverhalten allerdings anderen Schaden zufügt, schämen wir uns womöglich hinterher, was eine Verletzung unseres Selbstwertgefühls zur Folge hat. An diesem Punkt kann es passieren, daß wir die Kontrolle über uns selbst immer mehr verlieren und diesen Kontrollverlust dadurch kompensieren wollen, daß wir immer mehr Kontrolle ausüben. Letzten Endes fühlen wir uns dann in die Irre geführt, sind verletzt und projizieren unseren Schmerz auf andere.

Die Spannung in uns hat inzwischen solche Ausmaße angenommen, daß wir streßbedingte Krankheiten entwickeln, die sich in Schmerzen ausdrücken oder oft auch zu Störungen eines oder mehrerer Körperorgane führen. Wir befinden uns jetzt in einem fortgeschrittenen Zustand der Co-Abhängigkeit, der sich immer weiter verschlimmert, so daß wir schließlich eines oder mehrere der folgenden Symptome entwickeln: extreme Stimmungsschwankungen, Schwierigkeiten in der Intimbeziehung und ein chronisches Gefühl des Unglücklichseins. Für diejenigen, die sich vom Alkoholismus, von der Drogenabhängigkeit oder von einer anderen Störung oder Erkrankung befreien wollen, kann die Co-Abhängigkeit in diesem fortgeschrittenem Stadium ein ernstes Hindernis sein.

Störungen der Eltern... 49

Man kann die Entwicklung der Co-Abhängigkeit folgendermaßen zusammenfassen:

Stufen der Co-Abhängigkeit

1. Außerkraftsetzen und Verdrängung von Signalen aus dem Inneren, zum Beispiel von Beobachtungen, Gefühlen und Reaktionen
2. Vernachlässigung der eigenen Bedürfnisse
3. Beginn der Unterdrückung des inneren Kindes
4. Ableugnung von Familiengeheimnissen oder sonstigen Geheimnissen
5. Zunehmende Unempfindlichkeit gegen seelische Schmerzen, Taubheit
6. Unfähigkeit, einen Verlust vollständig zu betrauern
7. Blockierung der (geistigen, seelischen, spirituellen) Entwicklung
8. Zwanghaftes Verhalten, mit dem Ziel, Schmerzen zu lindern und einen Blick auf das Kind in uns erhaschen zu können
9. Ständig zunehmende Schamgefühle und Verlust des Selbstwertgefühls
10. Gefühl, die Kontrolle zu verlieren. Bedürfnis, noch stärker zu kontrollirn
11. Selbsttäuschung und Projektion des Schmerzes
12. Entstehung streßbedingter Erkrankungen
13. Verschlimmerung des zwanghaften Verhaltens
14. Fortschreitende Verschlechterung
    extreme Stimmungsschwankungen
    Schwierigkeiten in der Intimbeziehung
    chronisches Unglücklichsein
    Störung des Heilungsprozesses bei Alkoholismus, sonstigen Abhängigkeiten und anderen Erkrankungen

Ganz gleich, ob wir als Säugling oder Kleinkind mit einer solchen co-abhängigen Person aufwachsen oder als Erwachsener mit ihr zusammenleben, in jedem Fall besteht eine hohe Wahrscheinlichkeit, daß unser gegenwärtiges Bewußtsein und unsere Kraft zur Lebensbewältigung in negativer Weise beeinflußt werden.

Durch den Prozeß, der in der ersten Hälfte dieses Buches beschrieben wird, wird unser wahres Selbst unterdrückt.

Die subtileren Formen der Co-Abhängigkeit

Co-Abhängigkeit ist eine der häufigsten Störungen, die zu Verwirrung und Leiden in dieser Welt führt. Sie kann in ihrer Ausprägung sehr subtil sein und ist deshalb oft schwer zu identifizieren. Hier ist die Geschichte von Karen, einer 45jährigen Frau, deren Eltern co-abhängig waren und sie selbst ebenfalls co-abhängig gemacht haben.

> Als ich hörte, wie die erwachsenen Kinder von Alkoholikern beschrieben wurden, konnte ich mich in vielem wiedererkennen. Als ich daraufhin meine Familiengeschichte unter die Lupe nahm, konnte ich jedoch keinen Alkoholiker finden. Ich mußte also noch intensiver suchen, denn meine beiden Eltern wiesen zahlreiche Merkmale der Co-Abhängigkeit auf. Mein Vater war außerdem ein Workaholic und außerordentlich erfolgreich. Aber er widmete seine Zeit und Kraft jedem, nur nicht seiner Familie. Er war Bürgermeister unserer Stadt, und ich hatte immer ein schlechtes Gewissen, wenn ich ihn um seine Aufmerksamkeit bat. Als Vater, der mir beim Großwerden hätte helfen können, war er für mich einfach nicht vorhanden. Meine Mutter litt unter einer Eßsucht, obwohl ich das damals noch nicht wußte. Sie war also auch nicht die Mutter, die ich gebraucht hätte. Beide haben mich so erzogen, daß ich immer das Gefühl hatte, mich für andere aufopfern und allen Leuten nach dem Mund reden zu müssen.
>
> Ich heiratete nacheinander zwei Alkoholiker und konzentrierte mich nach einer gewissen Zeit so auf sie, daß ich meine eigenen Bedürfnisse vernachlässigte und das Gefühl bekam, den Verstand zu verlieren. Ich kann einfach nicht nein sagen. Als es mir schließlich immer schlechter ging, versuchte ich, eine Veränderung herbeizuführen, und zwar auf die einzige Art und Weise, die ich aus meiner Vergangenheit kannte: Ich arbeitete noch härter, ging wieder

Störungen der Eltern...

aufs College und flüchtete mich in extreme Verantwortung und zwanghafte Aktivitäten. Und dabei vernachlässigte ich meine eigenen Bedürfnisse noch mehr. Meine Depressionen wurden mit der Zeit immer schlimmer, bis ich schließlich eine Überdosis Schlaftabletten nahm. Das war der Tiefpunkt. In meiner Verzweiflung rief ich die AA an, die mir empfahlen, nach Al-Anon zu gehen, und das tat ich auch. Ich nahm täglich an einer Zusammenkunft teil und war begeistert. Jetzt, nach sechs Jahren, gehe ich immer noch einmal in der Woche zu einem solchen Treffen. Ich habe außerdem zweieinhalb Jahre lang an einer Gruppentherapie teilgenommen und war einige Monate lang in Einzeltherapie. All das hat mir sehr geholfen. Wenn ich heute daran zurückdenke, muß ich sagen, daß mir das Therapieprogramm nicht nur seelisch, sondern auch im Hinblick auf meine Spiritualität geholfen hat. Ich machte die Entdeckung, daß meine Mutter mein größtes Problem darstellte, da ich gefühlsmäßig und auch was meine Lebensweise anbetrifft von ihr völlig abhängig gewesen war. Ich war so krank, daß ich nicht einmal in der Lage war, selbständig zu leben und zu fühlen. Ich mußte andere Leute ansehen, um zu erfahren, wie man fühlt oder lebt. Ich war deshalb wütend auf meine Mutter, aber auch auf meinen Vater, weil er sie dabei unterstützt hat und nie für mich da war, wenn ich ihn brauchte. Und ich habe mir zwei Ehemänner ausgesucht, die mich, ohne es zu wissen, in diesem Verhalten bestärkten. Ich bin so froh, daß ich davon geheilt bin.

In Karens Geschichte finden wir einige subtilere Formen der Co-Abhängigkeit.

Chronische psychische oder körperliche Erkrankungen

Chronische psychische Erkrankungen können subtil und relativ harmlos sein, sie können jedoch auch ernste Formen annehmen und einen Menschen zugrunde richten. Zu ihnen gehören alle ernsten chronischen Erkrankungen der Psyche, wie sie im DSM-III (Diagnostic and Statistical Manual der American Psychiatric Association, dritte Ausgabe) verzeichnet sind.

Hier ist die Geschichte von Barbara, einer 56jährigen verheirateten, berufstätigen Frau, Mutter von vier Kindern:

> Vor vier Jahren nahm ich endlich Hilfe in Anspruch. Ich litt seit meiner Kindheit unter Depressionen und entdeckte in der Therapie, daß meine Mutter die meiste Zeit ihres Lebens chronisch deprimiert gewesen war. Ich kann mich an eine Zeit erinnern, ich war damals Mitte zwanzig, da hat sie für mich eine Verabredung mit einem Mann arrangiert, mit dem sie selbst ein Verhältnis hatte, obwohl sie verheiratet war und zu der Zeit noch mit meinem Vater zusammenlebte. Ich fühlte mich überhaupt nicht wohl, als ich mit ihm ausging. Mein Vater war mir und meiner Mutter gegenüber immer kalt und unnahbar gewesen. Als meine Mutter später ins Krankenhaus eingeliefert wurde, weil sie eine Überdosis Schlaftabletten eingenommen hatte, erfuhr ich, daß mein Vater während der Ehe die meiste Zeit impotent gewesen war. Das war natürlich mein »Familiengeheimnis«. So lange ich mich zurückerinnern kann, habe ich immer geglaubt, *ich sei schuld daran,* daß mein Vater so kalt war und meine Mutter unter chronischen Depressionen litt, und ich schämte mich deshalb und hatte schreckliche Schuldgefühle.
>
> Ich übernahm die Rolle eines »Fürsorgers«. Als Teenager ging ich in die Bücherei und las alles, was ich über Psychologie in die Finger bekommen konnte, weil ich hoffte, meine Mutter und meinen Vater therapieren zu können. Während meiner eigenen Therapie, und als ich darüber nachdachte, kam ich dahinter, daß ich mit meiner Mutter gewissermaßen verschmolzen war, daß die Grenzen zwischen uns so verwischt waren, daß ich tatsächlich morgens wach wurde und nicht wußte, wie ich mich fühlte, bevor ich nicht wußte, wie es meiner Mutter ging. Ich kam auch dahinter, daß die Kälte und Unnahbarkeit meines Vaters nichts damit zu tun hatten, ob ich ein braves Mädchen war, und auch nichts damit, wie hart ich arbeitete; sie hatten nur etwas mit *ihm selbst* zu tun. Ich lernte, daß ich nicht mehr länger das Opfer sein mußte. Seitdem fühle ich mich rundherum wohl, und mein Leben läuft besser. Aber ich arbeite immer noch daran, mich von meinen alten Problemen zu befreien.

Störungen der Eltern...

Weil Barbara fremde Hilfe in Anspruch genommen hat, konnte sie den Schaden erkennen, den ihr wahres Selbst dadurch erlitten hat, daß sie in einer gestörten Familie groß geworden ist. Jetzt befindet sie sich deutlich auf dem Weg der Besserung.

Extreme Rigidität, strafende, verurteilende und lieblose Einstellungen, Perfektionismus und Unzulänglichkeit

Obwohl das wahre Selbst vieler Menschen unterdrückt wurde, läßt sich das Wesen der familiären »Schwierigkeiten« nicht so leicht ausmachen oder beschreiben. So ist zum Beispiel der fortgeschrittene Alkoholismus eines Familienmitglieds verhältnismäßig leicht zu erkennen, weil er so offensichtlich ist. Bei einer weniger auffälligen Störung ist das jedoch schon schwieriger. Ich habe Hunderte von erwachsenen Kindern von Alkoholikern, Drogenabhängigen und anderen co-abhängigen Menschen gesehen und über längere Zeit behandelt und darüber hinaus mehrere Patienten gesehen, auf die die *Beschreibung* paßte und die sowohl ihren eigenen Beobachtungen zufolge als auch nach meiner Diagnose dieser Gruppe zuzuordnen waren, aber trotzdem weder Kinder von Alkoholikern, Drogenabhängigen oder in anderer Weise offensichtlich co-abhängigen Eltern waren noch aus solchen Familiensituationen stammten, wie sie in Tabelle 3 aufgeführt sind.

Cathy war eine 32jährige Frau, die in einer gestörten Familie aufgewachsen war. Obwohl es in dieser Familie keine Alkoholiker gab, nahm sie selbst erfolgreich an einer Therapie in einer Gruppe teil, die aus erwachsenen Kindern von Alkoholikern bestand. Sie gehört zu der Gruppe »erwachsener Kinder aus gestörten oder dysfunktionalen Familien« oder zu den »erwachsenen Kinder des Traumas«. Ihre Lebensgeschichte und ihre Leiden ähneln denen der erwachsenen Kinder von Alkoholikern. Als sie ihre Therapie etwa zur Hälfte hinter sich hatte, schrieb sie folgenden Bericht über ihr Leben:

Meine Eltern vertraten eine Lebensphilosophie, die sich auf den Kernsatz reduzieren läßt: »Was sollen bloß die Leute von uns denken.« In der Öffentlichkeit traten wir immer als die »perfekte Familie« auf – wir gingen alle ungeheuer nett miteinander um. *Zu Hause* war dann alles anders: Man lachte, schwatzte und scherzte nicht mehr, sondern Vater zog sich körperlich, geistig und seelisch total zurück, und Mutter schrie herum, um die Aufmerksamkeit auf sich zu lenken.

Ich hatte immer das Gefühl, ich müßte mich auf etwas »vorbereiten«, es gab immer eine Menge Hausarbeit, die ich erledigen mußte. Wenn ich mitten in einer solchen Arbeit steckte, fühlte ich mich immer am wohlsten – dann konnte ich eine Rolle spielen. Und ich lernte schon früh, Spannungen abzufangen, indem ich vorausahnte, was als nächstes getan werden mußte – um meiner Mutter das Leben zu erleichtern. Ich arbeitete bewußt daran, keine Bedürfnisse zu haben und von niemandem etwas zu erwarten, weil ich hoffte, dadurch den Streß verringern zu können.

Vater war entweder nie zu Hause, oder er schlief, wenn er mal zu Hause war. Er hätte genausogut wegbleiben können. Ich kann mich nicht daran erinnern, daß wir einmal etwas miteinander unternommen hätten, wir blieben immer auf Distanz – weil ich Angst vor ihm hatte, obwohl er mich nie verbal oder körperlich mißhandelt hat. Ich bin mit einem neutralen Gefühl für meinen Vater und starken Gefühlen für meine Mutter groß geworden. Ich »sorgte« für sie, indem ich ihr nie zur Last fiel, ihr nie Sorgen machte und immer ahnte, wie sie mich am liebsten haben wollte. Später wurden daraus starke Haßgefühle, weil sie dazu beigetragen hatte, daß die Distanz zwischen mir und meinem Vater immer größer wurde. Den größten Teil meines Erwachsenenlebens schwankte ich zwischen zwei Extremen: Entweder ich tat alles, was sie von mir erwartete, oder ich rebellierte gegen die Vorstellungen, die sie von mir hatte. Als fünftes von sechs Kindern kann ich mich noch gut daran erinnern, daß mein Vater manchmal nicht genau wußte, wer ich war. Wenn er nicht zu Hause war, war er ein Workaholic. Mutter war sehr zwanghaft, wenn es um häusliche Dinge ging. Ich versuche heute, an die Gefühle heranzukommen, die

Störungen der Eltern...

ich für meinen Vater hatte. Ich kann mich erinnern, daß ich ganz ruhig und unauffällig vor mich hin lebte und immer hoffte, niemand würde mich sehen, obwohl ich gleichzeitig ein ungeheures Verlangen danach hatte, daß *irgend jemand* sich um mich kümmern würde. Ich hatte immer Übergewicht, versuchte ständig abzunehmen und versteckte mich, damit niemand sehen konnte, wie dick ich war.

Auch während der gesamten High-School-Zeit setzte ich dieses ruhige Leben fort und fühlte mich zu Hause beschützt und geborgen. Ich hatte keine Lust, aus dem Haus zu gehen; in der Beziehung unterschied ich mich von meinen Geschwistern, die Sport trieben, an Theaterspielgruppen oder Rednerkursen teilnahmen. Auch im College änderte sich daran nichts. Ich hatte dort keinen sicheren Platz, der mir Geborgenheit vermittelte, und ich bekam immer mehr Probleme mit meinem Gewicht. Ich war nicht in der Lage, meinem Leben eine neue Richtung zu geben, und besuchte drei verschiedene Colleges, um schließlich einen Zweijahres-Abschluß zu machen.

Als Erwachsene kämpfte ich nur um das nackte Überleben. Ich war nicht in der Lage, eine Beziehung einzugehen und aufrechtzuerhalten. Ich machte mit jedem Mann Schluß, den ich kennenlernte. Ich trennte mich von meinen Zimmergenossinnen. Ich schmiß verschiedene Jobs hin, nachdem ich mit den Chefs persönliche Probleme bekommen hatte. Und auf einer unbewußten Ebene hielt ich Distanz zu meiner Familie. Ich entwickelte Bulimie, um mein Übergewicht unter Kontrolle zu bringen. Ich verabredete mich mit Männern, die das genaue Gegenteil von dem waren, was meine Mutter akzeptieren würde. Ich fing an zu rauchen und zu trinken, um mir »selbständiges Denken« bescheinigen zu können.

Ich hatte chronische Depressionen, isolierte mich, aß entweder zwanghaft zuviel oder machte Schlankheitskuren. Ich versuchte, den Leuten weiszumachen, daß ich alles im Griff hätte und von niemanden abhängig sei, aber in meinem Inneren war ich so bedürftig, daß ich immer, wenn ich einmal einen Freund hatte, gleich erwartete, daß mir dieser eine Mensch die absolute Erfüllung bringen würde.

Vor dreieinhalb Jahren kam ich zu den »Overeaters Anonymous« (OA) und war von meinen ständigen Freßorgien und Fastenkuren völlig am Boden zerstört. Jetzt bin ich seit einem Jahr abstinent, was die Eßsucht anbetrifft. Ich nahm an einer Therapiegruppe der EKA teil und hatte das Gefühl, daß ich genau in diese Gruppe paßte.

Die Leute, die ich dort traf, ähnelten mir, und ich ihnen. Mir wurde jedoch schon sehr bald klar, daß die individuelle therapeutische Arbeit für mich auf die Dauer unerträglich und qualvoll werden würde. Ich begann deshalb vor einem Jahr eine EKA-Gruppentherapie und gehe seitdem einmal pro Woche dorthin.

Sechs Monate lang fühlte ich nichts oder konnte zumindest meine Gefühle nicht identifizieren. Ich wurde aber mit Gruppenmitgliedern konfrontiert, die Gefühle erlebten, die sich auf ihre gegenwärtigen Probleme bezogen, und die Ereignisse aus der Vergangenheit identifizieren konnten und wiedererlebten, Ereignisse, die ihnen vorher als zu schmerzhaft erschienen waren, um sie noch einmal durchleben zu können.

Ich war bereit, das Risiko einzugehen, mich diesen Leuten zu öffnen – wobei ich durch den Wunsch, nicht mehr so viel essen zu müssen, motiviert wurde. Ich fing an, die Gruppe als eine Art Familie zu betrachten, die mir die Sicherheit und Geborgenheit geben könnte, die ich brauchte, um mich weiterentwickeln und das erleben zu können, was mir in meiner eigenen Familie gefehlt hatte. Ich erlebte ein paar ehrliche Interaktionen, obwohl ich immer noch Angst hatte und mich nicht für wichtig genug hielt, um die kostbare Zeit und die uneingeschränkte Aufmerksamkeit der Gruppe für mich in Anspruch nehmen zu dürfen.

Aber langsam entwickelt ich mit Hilfe der realen, ehrlichen Interaktionen innerhalb und außerhalb der Gruppe ein Gefühl für meinen eigenen Wert. Ich war bereit, mich zu meinen Gefühlen zu bekennen, konnte sie identifizieren und schließlich auch zum Ausdruck bringen, so daß ich meine eigene Heilung erleben konnte. Ich hörte auf, meine Beziehungen zu zerstören und mich selbst immer nur negativ zu sehen.

Störungen der Eltern...

Für mich hatte plötzlich mein bloßes Sein einen inneren Wert. Ich sprach darüber, was es bedeutete, in einem Haus groß zu werden, in dem man das Gefühl hatte, unsichtbar zu sein. Es war für mich ein unglaublich befreiendes Gefühl, die Wahrheit so ausdrücken zu können, wie ich sie sah. Die Tatsache, daß ich ehrlich zu mir selbst war, war der Kern meiner Heilung – aber es fiel mir schrecklich schwer, da ich die Therapie begonnen hatte, ohne ein Gefühl für mein Selbst zu haben. Ich erkannte, daß ich viel Zeit brauchte, um auch nur eine Ahnung davon zu bekommen, daß ich ein Recht auf mein Selbst habe. Es hat lange gedauert, und ich mußte mich während der Aufbauarbeiten an meinem gesunden Selbst ständig mit meinen Gefühlen auseinandersetzen, Tag für Tag, in der OA und in der Gruppenarbeit.

Solche Familien – und andere familienähnliche Gruppen – für die Cathys Geschichte ein Beispiel ist, entsprechen in vielen Aspekten der Dynamik einer gestörten oder dysfunktionalen Familie, wie sie weiter unten beschrieben wird. Zu den häufigsten Störungen der Eltern zählen extreme Rigidität oder eine extrem strafende, verurteilende oder perfektionistische Einstellung und eine kalte oder lieblose Beziehung zu den Kindern und zu den anderen Familienmitgliedern. Solche Eltern sind unfähig, den geistigen, seelischen und spirituellen Bedürfnissen ihrer Kinder gerecht zu werden.

Derartige Zustände oder Störungen sind oft außerordentlich heimtückisch, subtil und verborgen. Sie sind unter Umständen *schwer zu entdecken, wenn man nicht schon gewisse entscheidende therapeutische Erfahrungen* in Selbsthilfegruppen, in einer Gruppentherapie, Einzeltherapie oder anderen Formen der Introspektion gemacht hat, d.h. sich anderen vertrauenswürdigen Menschen mitgeteilt und ihnen zugehört hat. Von außen betrachtet sind solche Familien in der Regel nicht als gestört oder dysfunktional zu erkennen, sondern erwecken im Gegenteil den Anschein, völlig »gesund« zu sein. Diese Kategorie der gestörten oder dsyfunktionalen Familien muß noch eingehender beobachtet und erforscht werden.

Körperlicher, sexueller, geistig-seelischer und spiritueller Kindesmißbrauch

Kindesmißbrauch ist in allen Arten von gestörten Familien an der Tagesordnung. Während schwere körperliche oder direkte sexuelle Mißhandlungen bei Säuglingen und Kindern klar erkennbare, traumatische Wirkungen haben, sind andere Formen des Kindesmißbrauchs weniger auffällig. Es kann sich dabei um leichte bis mittlere körperliche Züchtigungen, versteckten oder weniger offensichtlichen sexuellen Mißbrauch, geistig-seelische Mißhandlungen, Vernachlässigung des Kindes oder ein Ignorieren oder Vereiteln der Spiritualität oder der spirituellen Entwicklung des Kindes handeln. Versteckter oder subtiler sexueller Mißbrauch findet dann statt, wenn der Erwachsene mit dem Kind flirtet, in Anwesenheit des Kindes über sexuelle Erlebnisse redet oder sexuell getönte Geschichten oder Witze erzählt und wenn er das Kind, den Heranwachsenden oder auch den Erwachsenen in unangemessener Weise berührt. Darüber hinaus fällt jedes unnötige, die Sexualität stimulierende Verhalten in diese Kategorie. Solche Formen des Mißbrauchs führen in der Regel zu tiefgreifenden, intensiven Schuld- und Schamgefühlen, die unbewußt mit in das Erwachsenenalter übernommen werden. Auf seelischen Mißbrauch werde ich an anderer Stelle noch ausführlich eingehen.

Spiritueller Mißbrauch ist umstritten, es wird selten darüber gesprochen, und doch kommt es vor. Wenn man zum Beispiel ein Kind zu einem Atheisten oder zu einem Anhänger eines bestimmten Kults erzieht, werden manche Eltern das als spirituellen Mißbrauch betrachten, andere dagegen nicht. Subtilere Formen des Mißbrauchs werden von organisierten Religionen verübt, die in ihren Predigten von einem zornigen Gott reden, Schuld- und Schamgefühle vermitteln oder darauf bestehen, daß bestimmte andere Konfessionen oder Glaubensrichtungen automatisch schlecht oder minderwertig seien. Während man das letztere leicht in einigen fundamentalistischen christlichen Konfessionen finden kann, beschränkt es sich aber keinesfalls nur auf diese, denn es sind Merkmale, die viele Religionen der Welt kennzeichnen. Derartige Einstellungen sind in der

Störungen der Eltern...

Tat die entscheidenden Faktoren, die zu vielen Kriegen führen und dafür sorgen, daß solche Kriege überall auf der Welt nie zu einem Ende kommen.

Es gibt noch weitere Störungen, die unser wahres Selbst unterdrücken. Einige Beispiele dafür lassen sich unter den post-traumatischen Streßstörungen finden, die im 7. Kapitel beschrieben werden.

Einige Gemeinsamkeiten

Diese sieben Störungen der Eltern kommen in dysfunktionalen Familien oft in Mischformen vor. Die Unterdrückung des Kindes in uns, oder um es krasser auszudrücken, die Ermordung der Seele des Kindes (Schatzman 1973) weist im Hinblick auf die Dynamik innerhalb der Familie gewisse Gemeinsamkeiten auf. Dazu zählen Widersprüchlichkeit, Unberechenbarkeit, Willkür und Chaos. Widersprüchlichkeit und Unberechenbarkeit führen zu einer Unterdrückung der Spontaneität und machen den Betroffenen in der Regel »verrückt«. Zusammen mit der Willkür kann eine solche Dynamik zu einem Mangel an Vertrauen, Angst vor dem Verlassenwerden oder chronischen Depressionen und zu einem Chaos führen. Dadurch wird die Entwicklung einer sicheren, Geborgenheit vermittelnden, zuverlässigen Grundlage unmöglich gemacht, die wir brauchen, um etwas über uns erfahren zu können, indem wir etwas wagen.

Auch wenn viele dieser Merkmale einer gestörten oder dysfunktionalen Familie häufig anzutreffen sind, *müssen sie nicht alle in ein und derselben Familie vorkommen.*

Widersprüchlichkeit

Viele gestörte Familien sind in sich widersprüchlich, manche nicht. Viele Familien vermeiden Widersprüchlichkeit dadurch, daß die *Gefühle* vieler Familienmitglieder konsequent *verleugnet* werden und daß es ein oder mehrere *Familiengeheimnisse* gibt. Gestörte Familien mit starren Strukturen sind in der

Regel konsequenter und berechenbarer. Da diese Eigenschaften extrem ausgeprägt sind, wirken sie als Kontrollmechanismen und blockieren jede individuelle oder familiäre Entwicklung.

Unberechenbarkeit

Zahlreiche gestörte Familien sind berechenbar in ihrer Unberechenbarkeit. Das heißt, alle Mitglieder einer solchen Familie haben gelernt, daß sie jederzeit das Unerwartete *erwarten* können. Im Gegensatz dazu wissen viele, *was* sie voraussagen und *wann* sie es voraussagen, obwohl ihnen das nicht bewußt sein mag und sie auch nicht mit anderen darüber reden. Sie leben jedoch ständig in der Angst vor dem nächsten traumatischen Erlebnis und gehen deshalb wie auf rohen Eiern.

Willkür

Willkür bedeutet, daß die gestörte Person oder die gestörten Personen ein anderes Familienmitglied, ganz gleich welches oder unabhängig davon, wie sehr sich der andere bemüht, schlecht behandeln. In einer Familie, in der es keinerlei Regeln gibt, verliert das Kind den Glauben an die Menschen, die für das Aufstellen solcher Regeln verantwortlich sind (die Eltern), und an sich selbst. Es versteht dann die Welt nicht mehr. Aber auch wenn rigide Familien weniger willkürlich sind, können sie schwer gestört sein, und ihre Willkür kommt dann häufig in ihrer Starrheit zum Ausdruck.

Chaos

Das Chaos kann sich auf folgende Weise manifestieren: 1. durch körperlichen oder seelischen Mißbrauch, der dem Kind Scham- und Schuldgefühle vermittelt und Gefühlsarmut zur Folge hat; 2. durch sexuellen Mißbrauch, der die gleichen Folgen hat und zusätzlich zu Mißtrauen und Angst vor Kontrollverlust führt;

Störungen der Eltern...

3. durch regelmäßige und wiederholt auftretende Krisen, durch die der Betroffene lernt, sich an Krisen zu orientieren; 4. durch eine vorhersehbare Blockade der Kommunikation, durch die der Mensch lernt, »nichts zu sagen«, »nicht real zu sein« und alles zu verleugnen; 5. durch Kontrollverlust, der dazu führt, daß der Mensch davon besessen ist, immer alles unter Kontrolle haben zu müssen. Darüber hinaus kommt es zu einer Verschmelzung und zum Verwischen der eigenen Grenzen oder dem Verlust der Eigenständigkeit.

Während dysfunktionale Familien zum Chaos neigen, trifft man in vielen gestörten Familien entweder kein oder nur ein minimales Chaos an. Das Chaos manifestiert sich hier in einer sehr subtilen Weise. Es bedarf keines aktiven oder offenen Chaos, um das Kind in uns zu unterdrücken. Vielmehr kann die bloße Bedrohung durch ein Chaos – sei es eine drohende Krise oder die Androhung einer wie auch immer gearteten Mißhandlung oder die Erwartung, zusehen zu müssen, wie ein anderes Mitglied der Familie mißhandelt wird –, ganz gleich wie einfach oder vorübergehend sie ist, genau den gleichen Schaden anrichten. Das hängt damit zusammen, daß auf diese Weise Angst ausgelöst wird, die jede Möglichkeit blockiert, kreativ und real zu sein. Und ohne Kreativität können wir nicht auf Entdeckungsreisen gehen, unsere eigene Geschichte vervollständigen, um daran zu wachsen und uns weiterentwickeln zu können. Wir finden dann keinen Frieden.

Auch wenn ein solches aktives Chaos nur ein-, zweimal im Jahr vorkommt, reicht die Unberechenbarkeit, Impulsivität und Destruktivität, mit der es das Selbst bedroht, aus, um den inneren Frieden und die ruhige Gelassenheit immer wieder zu zerstören.

Das Familienmitglied, das entweder einem aktiven Chaos ausgesetzt ist oder sich dadurch bedroht fühlt, kann zu der Überzeugung gelangen, daß das Ganze *so gewöhnlich und »normal« ist, daß er oder sie es nicht einmal als Chaos erkennen können*. Und dieses Prinzip gilt für alle Merkmale, die in diesem Kapitel aufgeführt sind.

Schlechte Behandlung

Kinder können auf unterschiedliche Weise schlecht behandelt werden. Auch in *subtiler* Form führt eine schlechte Behandlung zu Entwicklungsstörungen und beeinträchtigt die Lebendigkeit unseres wahren Selbst. Beispiele finden Sie in Tabelle 5.

Verleugnung der Gefühle und der Realität

In gestörten Familien neigt man dazu, Gefühle zu verleugnen, vor allem die schmerzhaften Gefühle eines Familienmitglieds. Das Kind – und viele Erwachsene – dürfen ihren Gefühlen keinen Ausdruck verleihen, vor allem sind sogenannte »negative« Gefühl verboten – zum Beispiel Wut. In jeder Familie gibt es jedoch mindestens ein Familienmitglied, in der Regel den Alkoholiker oder eine Person, die unter ähnlichen Störungen leidet, das solche schmerzhaften Gefühle offen ausdrücken darf, vor allem Wut. In Familien, in denen Wut chronisch ist, aber nie in direkter Form ausgedrückt werden darf, nimmt sie oft andere Formen an. Es kommt unter Umständen zu Selbstverletzungen, zu Mißhandlungen anderer, zu asozialem Verhalten, verschiedenen akuten oder chronischen Krankheiten einschließlich streßbedingter Erkrankungen. Das, was das Kind als Realität wahrnimmt, wird geleugnet, und statt dessen ein neues Modell, ein falsches Bild von der Wirklichkeit von jedem Familienmitglied als wahr angesehen. Solche illusionären Vorstellungen binden die Familienmitglieder enger aneinander und führen zu einer Verschlimmerung der Störungen. Eine derartige Verleugnung der Realität und die neue illusionäre Sicht der Wirklichkeit unterdrücken das Kind und behindern seine Entwicklung und sein Wachstum in den entscheidenden geistig-seelischen und spirituellen Lebensbereichen.

Tabelle 5. Geistig-seelische und spirituelle Traumata, denen Kinder und Erwachsene ausgesetzt sein können

Verlassenheit
Vernachlässigung
Mißbrauch: körperlich: verprügeln, schlagen, quälen, sexueller Mißbrauch
               geistig-seelisch: verdeckte Sexualität (siehe unten)
               emotional: (siehe unten)
               spirituell: (siehe unten und Text)

beschämen	einengen
demütigen	sich entziehen
erniedrigen	Liebe entziehen
Schuldgefühle vermitteln	nicht ernst nehmen
kritisieren	keinen Glauben schenken
blamieren	entwerten
verspotten	in die Irre führen
auslachen	mißbilligen
an der Nase herumführen	Gefühle, Wünsche oder Bedürfnisse nicht ernst nehmen oder herabsetzen
manipulieren	
täuschen	Versprechen nicht halten
austricksen	falsche Hoffnungen wecken
betrügen	inkonsequent oder willkürlich reagieren
verletzen	vage Forderungen stellen
grausam behandeln	unterdrücken
herabsetzen	sagen: »Du solltest das und das nicht sein«, zum Beispiel nicht wütend sein
einschüchtern	
gönnerhaft behandeln	sagen: »Wenn du doch nur ein besserer Mensch wärest« o.ä.
bedrohen	
Angst einflößen	»Du solltest besser (oder anders) sein«
unterdrücken oder herumschubsen	(siehe auch negative Botschaften in Tabelle 6)
kontrollieren	

Um es noch einmal zu wiederholen: Auch wenn die *Aufdeckung* mancher Störung, die hier beschrieben wird, unangenehm sein kann, *kann sie doch den Anfang der Heilung von unseren Leiden und unserer Verwirrung markieren.* Wir können die allgemeinen Merkmale der gestörten oder dysfunktionalen Familie folgendermaßen zusammenfassen, wobei mindestens eines, meistens jedoch mehrere dieser Kennzeichen gleichzeitig anzutreffen sind:

- Vernachlässigung
- schlechte Behandlung
- Widersprüchlichkeit
- Unberechenbarkeit
- Willkür
- Verleugnung
- eines oder mehrere Geheimnisse haben
- Ablehnung von Gefühlen
- Ablehnung anderer Bedürfnisse
- Rigidität (in manchen Familien)
- gelegentliches Chaos (einschließlich Krisenorientiertheit)
- mitunter ruhig und funktional

Weitere Kennzeichen gestörter Familien können verschiedene Spielarten der Vernachlässigung und einer schlechten Behandlung sein. Wenn wir etwas über Beispiele schlechter Behandlung oder Traumata *lesen und darüber nachdenken*, kann uns das helfen, unser wahres Selbst zu finden. Auch wenn wir anderen Menschen *zuhören, die darüber reden, wie schlecht sie behandelt worden sind*, kann uns das weiterhelfen. Die beste Art, wie wir uns die Existenz unseres Traumas bestätigen können, besteht jedoch darin, daß wir unsere *eigene Geschichte* anderen Menschen vortragen, die uns akzeptieren, unterstützen und die unser Vertrauen nicht enttäuschen oder uns zurückweisen. Ich nenne solche Leute »sicher« oder »sicher und unterstützend« und werde diese Prinzipien in den nächsten Kapiteln erläutern.

Gibt es noch weitere Faktoren oder noch eine andere Dynamik, durch die das Kind in uns behindert wird? Im nächsten Kapitel werde ich mich mit der Entwicklung des Selbstwertgefühls, der Dynamik der Scham und mit den Negativregeln, den negativen Bestätigungen oder Botschaften, beschäftigen.

6

Die Dynamik der Scham und des schwach ausgeprägten Selbstwertgefühls

Scham oder ein schwach ausgeprägtes Selbstwertgefühl spielen bei der Unterdrückung des Kindes in uns eine wichtige Rolle. Scham ist sowohl ein *Gefühl* als auch ein *Erlebnis* unseres Selbst, also unseres wahren Selbst, des Kindes in uns.

Das Ganze hat jedoch auch eine *Eigendynamik* und ist ein *Prozeß*, den wir vor allem dann erleben, wenn uns die Wahrheit über viele Aspekte unserer Scham gar nicht bewußt ist, manchmal allerdings sogar, obwohl sie uns bewußt ist.

Wenn man in einer gestörten oder dysfunktionalen Familie aufwächst, wird man fast immer mit der Scham oder dem mangelnden Selbstwertgefühl aller Mitglieder der Familie konfrontiert. Nur die Art, in der sich die Scham manifestiert, ist bei den einzelnen Familienmitgliedern verschieden. Jeder von uns paßt sich auf seine Weise an die Scham an. Die wichtigste Ähnlichkeit besteht darin, daß beinahe jeder co-abhängig ist und hauptsächlich aus seinem falschen Selbst heraus handelt. Wir können daher die gestörte oder dysfunktionale Familie als *schamgeprägt* bezeichnen.

Schuldgefühle

Scham wird oft mit Schuldgefühlen verwechselt. Auch wenn wir beides empfinden, besteht zwischen ihnen doch ein Unterschied.

Schuldgefühle sind unangenehm oder schmerzhaft und werden dadurch ausgelöst, daß wir etwas *tun*, das gegen eine persönliche Norm oder einen Wert verstößt, zum Beispiel dadurch, daß wir einen anderen Menschen verletzen oder eine Vereinbarung nicht einhalten oder ein Gesetz übertreten. Schuldgefühle beziehen sich also auf unser *Verhalten*, wir fühlen uns unwohl, weil wir etwas getan haben, was wir nicht hätten tun dürfen, oder etwas unterlassen haben, was wir hätten tun müssen.

Wie die meisten Gefühle können auch Schuldgefühle sehr nützlich sein, weil sie uns in unseren zwischenmenschlichen Beziehungen und in der Beziehung zu uns selbst als Orientierung dienen können. Schuldgefühle beweisen uns, daß unser Gewissen intakt ist. Menschen, die niemals unter Schuldgefühlen leiden oder nie Reue empfinden, wenn sie etwas Unrechtes getan haben, haben es im Leben schwer und leiden im klassischen Sinne unter einer asozialen Persönlichkeitsstörung.

Schuldgefühle, die nützlich und konstruktiv sind, nennen wir »gesund«. Solche Schuldgefühle helfen uns, in der Gesellschaft leben zu können, Konflikte oder Probleme zu lösen, unsere Fehler zu korrigieren oder unsere Beziehungen zu verbessern. Wenn die Schuldgefühle jedoch unser seelisches Gleichgewicht, unseren inneren Frieden und unsere Funktionsfähigkeit beeinträchtigen – einschließlich unserer geistig-seelischen und spirituellen Entwicklung –, sprechen wir von »ungesunden« Schuldgefühlen. Menschen aus gestörten oder dysfunktionalen Familien oder aus einem entsprechenden Umfeld leiden oft unter einer Mischung aus gesunden und ungesunden Schuldgefühlen. Ungesunde Schuldgefühle werden in der Regel nicht verarbeitet und dauern deshalb an. Sie können unter Umständen zu seelischen und emotionalen Behinderungen führen. Unser »Verantwortungsgefühl« der Familie gegenüber wird dann stärker als die Verantwortung, die wir unserem wahren Selbst gegenüber tragen. Es gibt auch die Schuldgefühle des »Überlebenden«, und zwar dann, wenn ein Mensch sich schuldig fühlt und wertlos vorkommt, weil er die anderen in einer schwierigen Situation im Stich gelassen hat oder es im Leben geschafft hat, während die anderen versagt haben (siehe auch 7. Kapitel).

Schuldgefühle können weitgehend abgebaut werden, wenn man sie als solche erkennt und *verarbeitet*. Das bedeutet, daß wir sie erleben müssen, um anschließend mit Menschen, denen wir vertrauen, über sie reden zu können. In der einfachsten Form können wir uns bei der Person entschuldigen, der wir einen Schaden zugefügt oder die wir getäuscht haben, und sie um Verzeihung bitten. In komplexerer Form müssen wir uns unter Umständen intensiver mit der Schuldproblematik auseinandersetzen, am besten im Rahmen einer Gruppen- oder Einzeltherapie.

Scham

Scham ist das unangenehme oder schmerzhafte Gefühl, das wir erleben, wenn uns klar wird, daß ein Teil unserer Persönlichkeit Mängel hat, schlecht, unvollständig, verkommen, falsch oder unzulänglich ist. Im Gegensatz zu den Schuldgefühlen, bei denen wir uns unwohl fühlen, wenn wir etwas Unrechtes *getan* haben, schämen wir uns, wenn wir nicht in Ordnung oder schlecht *sind*. Das heißt, daß Schuldgefühle verzeihlich sind und durch eine Korrektur beseitigt werden können, während es offenbar aus der Scham keinen Ausweg gibt.

Das Kind in uns oder unser wahres Selbst *spürt die Scham und kann sie* auf eine gesunde Weise vertrauenswürdigen und hilfreichen Leuten gegenüber *zum Ausdruck bringen*. Unser co-abhängiges oder falsches Selbst verleugnet die Scham und würde nie mit einem anderen Menschen darüber reden.

Wir *alle* kennen die Scham, sie ist etwas, das allen Menschen gemeinsam ist. Wenn wir sie nicht verarbeiten und uns auf diese Weise von ihr befreien, staut sie sich auf und belastet uns immer mehr, bis wir ihr schließlich zum Opfer fallen.

Abgesehen von dem Gefühl der Minderwertigkeit und Unzulänglichkeit, glauben wir, wenn wir uns schämen, daß andere Menschen uns durchschauen und unsere Minderwertigkeit erkennen könnten. Die Scham vermittelt uns ein Gefühl der Hoffnungslosigkeit: Ganz gleich, was wir tun, wir können nichts ändern. Wir fühlen uns mit unserer Scham isoliert und einsam, so als wären wir der einzige Mensch auf der Welt, der dieses Gefühl hat.

Wir sagen dann möglicherweise: »Ich habe Angst, dir etwas von meiner Scham zu erzählen, weil du mich dann womöglich für einen schlechten Menschen hältst, und das könnte ich nicht ertragen. Ich behalte das Ganze also nicht nur bei mir, sondern verdränge es völlig und tue so, als gäbe es die Scham gar nicht. Ich kann meine Scham sogar so maskieren, als wäre sie etwas ganz anderes, ein anderes Gefühl oder eine andere Handlung, und kann sie dann *auf andere Menschen projizieren.*«

Einige dieser Gefühle und Aktionen, hinter denen man seine Scham verstecken kann, sind:

Zorn	Verachtung	Vernachlässigung, Sichzurückziehen
Groll	Aggression	Gefühl der Verlassenheit
Wut	Kontrolle	Enttäuschung
Tadel	Perfektionismus	Zwangsverhalten

»Und wenn ich spüre, daß ich eine dieser Maskierungen benütze oder in dieser Weise agiere, nützt das meinem co-abhängigen oder falschen Selbst – und hat die Funktion, das *Gefühl* der Scham *abzuwehren.* Aber selbst wenn ich meine Scham erfolgreich abwehre, können die anderen Menschen sie immer noch daran erkennen, daß ich den Kopf hängen lasse, anderen nicht in die Augen blicken kann oder mich dafür entschuldige, daß ich Bedürfnisse und Rechte habe. Manchmal ekele ich mich vor mir selbst und fühle mich kalt, verschlossen und bin mir selbst fremd. Aber ganz gleich, wie sehr ich mich gegen die Scham wehre, sie verschwindet nicht – es sei denn, ich erkenne und erlebe sie und vertraue mich hilfreichen Menschen an.«

Die Dynamik der Scham...

Ein Beispiel für eine der Masken, hinter denen sich die Scham verbergen kann, erlebte ich in einer Gruppentherapie, als Jim, ein 35jähriger Buchhalter, der Gruppe etwas über die Beziehung zu seinem Vater erzählte, der in einem anderen Staat lebt. »Jedesmal, wenn wir miteinander telefonieren, versucht er, mich zu kritisieren. Das verwirrt mich so, daß ich am liebsten einhängen würde.« Jim erzählte noch mehr und wurde von der Gruppe gefragt, welche Gefühle er denn jetzt in diesem Augenblick habe. Es fiel ihm etwas schwer, sich seine Gefühle bewußtzumachen und sie zu benennen, und es fiel ihm offensichtlich auch schwer, Blickkontakt mit der Gruppe aufzunehmen. »Ich bin einfach durcheinander. Ich wollte in seiner Gegenwart immer vollkommen sein. Und ich war ihm nie gut genug.« Er sprach weiter, und die Gruppe fragte ihn noch einmal, welche Gefühle er denn jetzt, in diesem Augenblick habe. »Ich habe ein bißchen Angst, bin verletzt und ich glaube, auch ein bißchen wütend.« Als Leiter der Gruppe fragte ich ihn, ob er sich nicht vielleicht auch schäme, weil er sich für unzulänglich halte. Er erwiderte: »Nein, wie kommen Sie darauf?« Ich wies ihn darauf hin, daß sein Perfektionsdrang, seine Vermeidung des Blickkontakts und die Art und Weise, wie er die Beziehung zu seinem Vater beschrieben habe, mich auf den Gedanken gebracht hätten, daß er auch eine gewisse Scham empfinden müsse. Darauf traten ihm Tränen in die Augen, und er sagte, daß er darüber nachdenken müsse.

Wo kommt unsere Scham her?

Unsere Scham scheint aus den negativen Botschaften, Bestätigungen, Überzeugungen und Regeln herzurühren, mit denen wir in unserer Jugend konfrontiert werden. Wir hören diese von unseren Eltern, anderen Erziehern und Autoritätspersonen, zum Beispiel von Lehrern und Priestern. Uns wird auf diese Weise mitgeteilt, daß wir in irgendeiner Weise nicht in Ordnung sind und daß unsere Gefühle, Bedürfnisse, unser *wahres Selbst* und das *Kind in uns* nicht akzeptabel sind.

Immer wieder müssen wir uns Sätze anhören wie »Schäm dich!«, »Du bist aber wirklich ungezogen!« oder »Das hast du gar nicht verdient.« Wir hören das so oft und aus dem Munde von Menschen, von denen wir abhängig sind und die uns so leicht verletzen können, daß wir es schließlich selbst glauben. Und das führt dazu, daß wir uns die Botschaften zu eigen machen oder sie *internalisieren*.

Und als ob das noch nicht genug wäre, wird noch Salz auf die Wunden gestreut, indem man uns außerdem negative Regeln mit auf den Weg gibt, die zur Folge haben, daß der gesunde, heilsame und notwendige *Ausdruck* unserer Leiden und Schmerzen unterdrückt wird (Tabelle 6). Es handelt sich dabei um Regeln wie »Sei nicht so empfindlich!«, »Weine nicht!« und »Kinder darf man nur sehen, aber nicht hören.« Auf diese Weise lernen wir nicht nur, daß wir ungezogen sind, sondern wir lernen auch, daß wir nie offen darüber reden dürfen.

Diese negativen Regeln werden allerdings oft sehr inkonsequent angewandt, so wie es im vorangegangenen Kapitel beschrieben wurde. Das Ergebnis? Es fällt solchen Menschen schwer, Autoritäten und Leuten zu vertrauen, die diese Regeln aufstellen, außerdem lösen sie Ängste, Schuldgefühle und weitere Scham aus. Wo aber lernen unsere Eltern diese negativen Botschaften und Regeln? Mit großer Wahrscheinlichkeit von *ihren* Eltern und anderen Autoritätspersonen.

Die schamgeprägte Familie

Wenn jedes Mitglied einer gestörten Familie von Scham geprägt ist und seine Kommunikation ebenfalls schamgeprägt ist, spricht man von einer *schamgeprägten* Familie.

In einer solchen Familie sind die Bedürfnisse, die die Eltern als Säuglinge, als Kinder und oft auch noch als Erwachsene hatten, nie befriedigt worden. Sie mißbrauchen dann ihre eigenen Kinder, um die Befriedigung einiger dieser Bedürfnisse endlich nachzuholen.

Tabelle 6. Negative Regeln und Botschaften, die man häufig in Alkholikerfamilien und anderen gestörten Familien hört

Negative Regeln	Negative Botschaften
Unterdrücke deine Gefühle	Schäm dich!
Werde nicht wütend	Du kann das nicht
Reg dich nicht auf	Ich wünschte, ich hätte dich nie geboren
Weine nicht	Ich bin nicht mit deinen Bedürfnissen einverstanden
Tue, was ich dir sage	
Sei brav, »nett«, gut	Wann wirst du endlich erwachsen
Gehe Konflikten aus dem Weg (oder vermeide es, dich mit Konflikten auseinanderzusetzen)	Sei abhängig
	Sei ein Mann
	Große Jungen weinen nicht
Denke nicht, rede nicht; tue nur, was man dir sagt	Benimm dich wie ein nettes Mädchen (oder wie eine Dame)
Sei ein guter Schüler	Du fühlst dich doch gar nicht so
Frag nicht soviel	Sei doch nicht so
Verrate deine Familie nicht	Du bist so dumm (oder böse usw.)
Sprich nicht mit Fremden über Familienangelegenheiten; bewahre das Familiengeheimnis	Du bist schuld daran
	Du schuldest uns das
	Natürlich lieben wir dich
Sei nicht so laut	Ich opfere mich für dich auf
Keine Widerworte!	Wie kannst du mir das antun
Widersprich mir nicht	Wir haben dich nicht mehr lieb, wenn...
Du sollst immer adrett aussehen	Du machst mich völlig verrückt
Ich habe immer recht, und du hast immer unrecht	Du wirst es nie zu etwas bringen
	Das hat doch gar nicht weh getan
Verliere nie die Selbstbeherrschung	Du bist ein Egoist
Achte auf das Trinken des Alkoholikers (oder auf das Verhalten der gestörten Person)	Du bist ein Nagel zu meinem Sarg
	Du lügst
	Ich verspreche es dir (Versprechen wird gebrochen)
Das Trinken (oder das sonstige gestörte Verhalten) ist nicht die Ursache unserer Probleme	Du machst mich krank
	Wir hatten uns eigentlich einen Jungen (ein Mädchen) gewünscht
Bewahre immer den Status quo	Du_____

In schamgeprägten Familien gibt es häufig, *jedoch nicht immer*, ein Geheimnis. Dabei kann es sich um alle möglichen »peinlichen« Tatbestände handeln, angefangen von Gewalttätigkeiten über sexuellen Mißbrauch, Alkoholismus bis zu der Tatsache, daß ein Mitglied möglicherweise im Gefängnis gewesen ist. Bei einem solchen Geheimnis kann es sich auch um so subtile Dinge handeln wie einen verlorenen Job, eine verpaßte Beförderung oder eine zerbrochene Beziehung. Die Wahrung eines solchen Geheimnisses lähmt alle Familienmitglieder, ganz gleich, ob sie etwas davon wissen oder nicht, weil die Heimlichtuerei Fragen, Gefühle und das Ausdrücken der Besorgnis verhindert. Die Familie kann also nicht offen miteinander umgehen. Und das innere Kind aller Familienmitglieder wird dadurch unterdrückt und kann nicht wachsen und sich entwickeln.

Grenzen

Paradoxerweise besteht zwischen den einzelnen Familienmitgliedern trotz der schlechten Kommunikation auf der emotionalen Ebene und durch die Notwendigkeit, loyal zu sein und das Geheimnis zu wahren, eine enge Bindung. Häufig sind ein oder zwei Familienmitglieder im Hinblick auf eine bestimmte Fähigkeit gestört, so daß andere ihre Rolle übernehmen müssen. Jeder kümmert sich in irgendeiner Weise um die Angelegenheiten des anderen. Das Ergebnis ist eine Gruppe von Familienmitgliedern, die ineinander *verstrickt* oder miteinander verschmolzen sind oder die gegenseitig ihre Grenzen verletzt und überschritten haben.

Die Grenzen gesunder Individuen sehen in der schematischen Darstellung ungefähr so aus:

Die Dynamik der Scham...

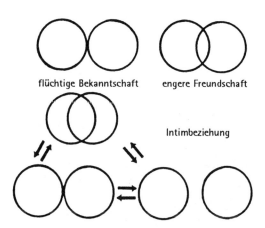

Gesunde Beziehungen sind offen, flexibel, ermöglichen die Befriedigung der gegenseitigen Bedürfnisse, respektieren die Rechte des einzelnen und unterstützen die geistig-seelische und spirituelle Entwicklung einer jeden Person. Auch wenn sie oft sehr intim und eng sind, verfügen sie doch über eine Flexibilität, die an Ebbe und Flut erinnert und die Bedürfnisse jedes einzelnen respektiert und ihm Gelegenheit bietet, sich weiterzuentwickeln.

Im Gegensatz dazu sehen ineinander verstrickte Beziehungen schematisch etwa so aus:

Oder im Falle einer gestörten oder dsyfunktionalen Familie etwa so:

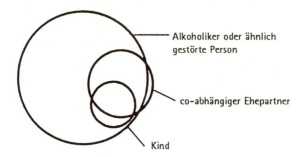

Derartige Verstrickungen oder symbiotische Beziehungen sind in der Regel *ungesund*, eng und starr und neigen dazu, die Befriedigung der Bedürfnisse und Rechte des einzelnen zu behindern. Sie fördern in der Regel *nicht* die geistigseelische und spirituelle Entwicklung des einzelnen. Es findet kaum ein Wechsel zwischen Nähe und Distanz statt. Die Fallgeschichten von Karen und Barbara machen eine solche ungesunde oder verstrickte Grenzübertretung anschaulich.

Um in einer solchen Verstrickung überleben zu können, greifen wir gewöhnlich zu verschiedenen Abwehrmechanismen, zum Beispiel zur Verleugnung (der Geheimnisse, Gefühle oder Schmerzen) oder projizieren sie auf andere (Aggression, Kritik und Zurückweisung). Wenn wir jedoch die schamgeprägte Beziehung *verlassen*, kann uns eine solche von Angst, Schuldgefühlen, Verleugnung und Aggression gekennzeichnete Einstellung kaum weiterhelfen. Wenn wir aus einer ungesunden Beziehung aussteigen und anschließend versuchen, in der neuen Beziehung die gleichen Verhaltensweisen und Abwehrmechanismen anzuwenden, mit deren Hilfe wir in der ungesunden überlebt haben, müssen wir erkennen, daß diese *Verhaltensweisen und Abwehrmechanismen in einer gesunden Beziehung nicht gut funktionieren.*

Die Dynamik der Scham...

Der co-abhängige Mensch lebt auf die eine oder andere Art in einer Verstrickung mit einer oder mehreren Personen. Wenn wir in einer schamgeprägten, co-abhängigen Beziehung leben, haben wir das Gefühl, den Verstand zu verlieren und verrückt zu werden. Wenn wir versuchen, uns an der Wirklichkeit zu orientieren, stellen wir fest, daß wir unseren Sinnen, Gefühlen und Reaktionen nicht trauen können.

Zwangsverhalten und Wiederholungszwang

Wenn unser Leben durch eine schamgeprägte, co-abhängige Einstellung gekennzeichnet ist und wir uns in übertriebener Weise nach anderen Menschen richten, bekommen wir natürlich das Gefühl, daß uns etwas fehlt, daß wir irgendwie unvollständig sind. Wir sind unglücklich, angespannt, deprimiert, fühlen uns unwohl und/oder wie betäubt. Aber wir haben Angst davor, uns zu uns selbst zu bekennen und ehrlich zu sein. Wenn wir versucht haben, uns anderen Menschen gegenüber so zu geben, wie wir sind, mußten wir oft die Erfahrung machen, daß man uns deswegen zurückgewiesen und bestraft hat. Aus diesem Grunde haben wir Angst, unsere Gefühle zu zeigen und unsere Bedürfnisse zu befriedigen. Außerdem sind wir so etwas nicht gewöhnt. Also weigern wir uns, unsere eigenen wirklichen Bedürfnisse und Gefühle anzuerkennen (Abbildung 1).

Aber unser wirkliches oder wahres Selbst, das Kind in uns, das sich inzwischen von uns entfremdet hat und sich vor uns versteckt, hat das angeborene Verlangen und die Kraft, sich auszudrücken. Insgeheim haben wir den Wunsch, seine Lebendigkeit und Kreativität spüren zu können. Da es schon so lange festgehalten wurde und sich einem Dilemma zwischen Annäherung und Vermeidung befindet, sieht es nur den Ausweg, sich in einer speziellen Form oder durch negatives Verhalten oder Zwangshandlungen Gehör zu verschaffen, so wie es sich auch in der Vergangenheit als erfolgreich erwiesen hat, auch wenn wir auf diese Weise nur einen kurzen Blick auf unser wahres Selbst werfen können. Solche Zwangshandlungen reichen von schwerem Alkoholgenuß oder Konsum anderer Drogen bis zu kurzen, intensiven Beziehungen, bei denen man versucht, den anderen zu beherrschen. Darüber hinaus kann es zur Völlerei, Überarbeitung, Verschwendung, ja sogar zu einer übertrieben häufigen Teilnahme an Treffen von Selbsthilfegruppen kommen.

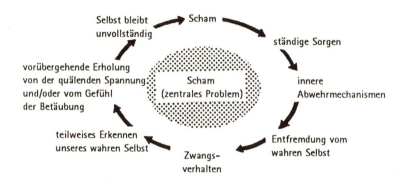

Abb. 1. Zyklus der Scham und des Zwangsverhaltens (nach Fischer 1985)

Ein derartiges Zwangsverhalten weist negative, selbstzerstörerische Tendenzen auf und kann sogar dazu führen, daß andere Menschen Schaden erleiden. Als Nebenprodukt kann dabei eine Krise provoziert werden bzw. es kann für das Selbst und für andere eine Krise auslösen. Wir können das Verhalten zwar ein Stück weit unter Kontrolle bringen – wir können unsere Willenskraft bis zu einem gewissen Grad dazu einsetzen, können so etwas unter Umständen sogar planen –, oft zeigt sich jedoch, daß ein solches Verhalten impulsiv ist und automatisch abläuft, wie ein Reflex.

Wenn wir uns zwanghaft verhalten, werden wir oft mit einer vorübergehenden Befreiung von der Spannung, den Leiden und einem Gefühl der Betäubung belohnt, obwohl wir uns dessen etwas schämen. Auch wenn das Ganze nur kurze Zeit anhält, fühlen wir uns hinterher wieder lebendig. Später schämen wir uns dann allerdings und haben das Gefühl, unvollständig zu sein (Fischer 1985).

Die Dynamik der Scham...

Diese Art des Verhaltens wurde auch *Wiederholungszwang* genannt. Er wird durch ungelöste innere Konflikte verursacht, die in unserem Unbewußten ablaufen, also an einem Platz, der unserem Bewußtsein nicht zugänglich ist.

Ein Ausweg

Von Hunderttausenden von Menschen, die geheilt worden sind, wissen wir, daß man sich von dieser einengenden, bindenden Wirkung der Scham befreien kann: Wir müssen unsere Leidensgeschichte vertrauenswürdigen Menschen erzählen, die bereit sind, uns zu helfen.

Wir offenbaren dabei das Kind in uns oder unser wahres Selbst mit all seinen Schwächen *und* all seinen Stärken und lassen andere daran teilhaben. Wir können uns nicht ohne fremde Hilfe von unserer Scham befreien. Wir brauchen andere Menschen, um uns selbst heilen zu können. Sie bestätigen uns, daß wir uns in einer prekären Situation befinden, würdigen unseren Schmerz und akzeptieren uns so, wie wir sind. Und wenn wir dann anderen Menschen zuhören, die uns ihre Geschichte erzählen, und mit ihnen ihre Scham erleben, dann helfen wir ihnen, *ihre* Scham zu überwinden. Und dadurch helfen wir uns auch selbst. Wenn wir uns selbst mitteilen und außerdem anderen zuhören, fangen wir an, das Prinzip der vorbehaltlosen Liebe zu verwirklichen.

Tagtäglich erlebt man es immer wieder, daß Menschen sich mitteilen und anderen ihre Geschichte erzählen, sei es in Selbsthilfegruppen, in der Gruppentherapie, in der Einzeltherapie oder unter engen Freunden.

Hindernisse bei der Heilung

Bei der Heilung unserer Scham können wir mit Stolpersteinen konfrontiert werden, die sich *in uns* befinden und unseren Heilungserfolg behindern. Solche Stolpersteine sind: 1. negative *Einstellungen*, die wir in bezug auf uns selbst haben, 2. Erinnerungen an einen bestimmten Gesichtsausdruck oder andere

Vorstellungen von Leuten, die in der Vergangenheit Schamgefühle in uns ausgelöst haben, die wir jetzt in anderen Menschen zu entdecken glauben, und 3. die *Bindung* einiger wichtiger Lebensbereiche durch die Scham. Dazu zählen:

1. Gefühle
2. Triebe (z.B. Sexualität, Aggression, Hunger u. Bedürfnis nach Intimität)
3. Bedürfnisse (siehe 4. Kapitel und Tabelle 2)
4. Gedanken (z.B. vor allem irgendwelche »schlechten« Gedanken).

So werden wir zum Beispiel unter Umständen jedesmal wütend, wenn wir uns von Autoritätspersonen, also zum Beispiel von unseren Eltern, verletzt fühlen. Diese Wut verwandelt sich jedoch sehr schnell in Scham oder wird auf diese Weise getarnt. Manchmal fühlen wir uns aber auch verwirrt und bekommen Angst. Da alle diese Gefühle uns so überwältigen können, daß wir fürchten, sie nicht mehr kontrollieren zu können, unterdrücken wir sie ganz schnell und werden taub und gefühllos. In diesem Augenblick und auch noch einige Minuten danach können wir unter unterschiedlich starken Störungen leiden. Der ganze Prozeß dauert womöglich nur ein paar Sekunden, aber wir fühlen uns dann wieder so hilflos wie ein kleines Kind. Man hat derartige Vorgänge *Altersregression* genannt oder als einen Rückgriff auf frühe Überlebensmechanismen bezeichnet.

Tom ist ein 45jähriger Anwalt und Vater von zwei Kindern. Er berichtet in einer Gruppentherapiesitzung von seinen Beobachtungen während einer Regression auf eine frühere Altersstufe.

> Ich habe 45 Jahre gebraucht, um dahinterzukommen, was mit mir geschieht, wenn mein Vater mich heruntermacht. Als ich meine Eltern letzten Monat besuchte, versuchte mein Vater schon nach ein paar Minuten, mich lächerlich zu machen, indem er einen Witz über meinen Beruf machte. Er sagte: »Sieh an, der Winkeladvokat« und sah mich, meine Mutter, meinen Bruder und meine Schwester an, um festzustellen, ob wir alle mit ihm lachten. Mit Hilfe der Gruppe ist

Die Dynamik der Scham...

mir klargeworden, wie ich darauf immer reagiert habe. Ich war dann immer sofort verwirrt, hilflos und wütend, so als wäre ich wieder fünf Jahre alt. Ich ließ den Kopf hängen und fühlte mich wie betäubt. Es war ein schreckliches Gefühl, das ich in meiner Jugend wohl hunderte Male erlebt habe und auch heute noch erlebe, wenn er so etwas sagt. Wenn Leute versuchen, mich zu ärgern, oder mich kritisieren, geht es mir ähnlich. Mir wird jetzt klar, daß das die Art war, wie mein Vater mit Konflikten und Spannungen in der Familie umging. Wenn zwischen ihm und dem anderen Spannungen bestanden, versuchte er, einen Witz über ihn zu machen, ihn aufzuziehen oder ihn lächerlich zu machen. Die andere Möglichkeit bestand darin, daß er die betreffende Person *stehenließ*, verstehen Sie, er ging einfach weg, so daß der Konflikt überhaupt nicht ausgetragen werden konnte. Ich mache jetzt Übungen, die mir helfen, meine Regressionen zu erkennen. Ich atme tief durch, gehe auf und ab, um mich zu sammeln und mit Leuten wie ihm fertig werden zu können. Ich setze meinem Vater jetzt deutliche Grenzen, wenn er so etwas tut. Ich sage zu ihm: »Ich finde das nicht gut, wenn du Witze über meinen Beruf machst. Entweder du läßt das, oder ich werde dich nicht mehr besuchen.«

Wir können uns von dem Gefühl der Scham oder der Regression befreien, indem wir uns beides bewußtmachen. Sobald dann so etwas wieder geschieht, können wir es gleich erkennen. Und wenn wir es erkennen, *atmen wir mehrmals tief durch*. Wir sind dann nicht mehr verwirrt, betäubt und verstört und können das, was geschieht, bewußter erleben und uns selbst so besser in den Griff bekommen. Wir stehen nicht wie gelähmte, verwirrte und verstörte Co-Abhängige da, sondern besinnen uns sofort auf unser wahres Selbst. Und wir handeln auch weiter aus unserem wahren Selbst heraus, indem wir *aufstehen, hin und her gehen und die Wirklichkeit um uns herum wahrnehmen*. Wenn wir uns unter zuverlässigen und hilfreichen Menschen befinden, können wir mit ihnen darüber reden, wie wir uns fühlen. Wir können auch die Person einfach *stehenlassen*, die uns schlecht behandelt. Aber selbst, wenn wir nicht weggehen, können wir uns ein Gefühl der Sicherheit verschaffen, indem wir zum Beispiel *unseren*

Autoschlüssel in die Hand nehmen, denn er ist ein Symbol dafür, daß wir in der Lage sind, uns zu entfernen.

Darüber hinaus stellen wir fest, daß die Regression auf frühere Alterstufen sogar *vorteilhaft* sein kann. Sie sagt uns sofort, wann wir schlecht behandelt werden. Und wenn wir das wissen, können wir Möglichkeiten ausprobieren, wie wir die *Situation entschärfen* und die *schlechte Behandlung vermeiden* können.

Wir wissen, daß es einen Ausweg gibt, und das ist der Beginn der Heilung des Kindes in uns.

7

Die Rolle des Stresses: posttraumatische Streßstörungen

Die posttraumatische Streßstörung (PTSS) kann sich bei einem Menschen so stark auswirken, daß nicht nur das Kind in ihm unterdrückt wird und verkümmert, sondern der Mensch selbst durch den ständigen Streß und die extreme Traumatisierung wirklich krank wird. PTSS und Co-Abhängigkeit hängen eng zusammen und überschneiden sich häufig. Was Kritsberg (1986) bei Kindern von Alkoholikern »chronischen Schock« nennt, entspricht genau der PTSS.

PTSS kann sich auf mannigfache Art zeigen, von Ängsten, über Depressionen, Reizbarkeit bis hin zu impulsivem oder sogar explosivem Verhalten. Um eine PTSS diagnostizieren zu können, sollte man auf die folgenden vier Symptome achten.

Erkennbare Streßfaktoren

Das erste Symptom bezieht sich auf die Anamnese oder das gegenwärtige Vorhandensein eines erkennbaren *Streßfaktors*. Tabelle 7 zeigt einige Beispiele und Abstufungen solcher Streßfaktoren. Es gibt unendlich viele weitere Beispiele; in der Tabelle sind die Streßfaktoren kursiv gesetzt, die man vor allem in gestörten oder dysfunktionalen Familien antrifft.

Tabelle 7. Intensitätsskala einiger psychosozialer Streßfaktoren (nach DSM III)

Intensität	Beispiele bei Erwachsenen	Beispiele bei Kindern und Jugendlichen
1. keine	keine sichtbaren psychosozialen Streßfaktoren	keine sichtbaren psychologischen Streßfaktoren
2. minimal	kleinere Gesetzesübertretungen, kleinerer Bankkredit	Ferien mit der Familie
3. leicht	Streit mit den Nachbarn, Änderung der Arbeitszeit	Lehrerwechsel, neues Schuljahr
4. mittel	Berufswechsel, Tod eines nahen Freundes, Schwangerschaft	ständiger Streit zwischen den Eltern, *Schulwechsel, Krankheit eines nahen Verwandten*, Geburt eines Geschwisters
5. stark	eigene Erkrankung oder Krankheit *eines Familienmitglieds*, größerer finanzieller Verlust, *Trennung* vom Ehepartner, Geburt eines Kindes	Tod eines gleichaltrigen Freundes, *Scheidung* der Eltern, Verhaftung, Krankenhausaufenthalt, *ständige strenge elterliche Disziplinierung*
6. sehr stark	*Tod* eines nahen Verwandten, Scheidung	*Tod* eines Elternteils oder Geschwisters, *wiederholter körperlicher und sexueller Mißbrauch*
7. katastrophal	Inhaftierung in einem Konzentrationslager, Naturkatastrophen	Tod mehrerer Familienmitglieder

Diese kurze Liste läßt erkennen, daß solche Streßfaktoren vor allem in Familien und in einem Umfeld vorkommen, in denen das wahre Selbst unterdrückt wird. Eine PTSS setzt jedoch einen Streßfaktor voraus, der außerhalb des normalen Spektrums menschlicher Erfahrungen liegt. Zu solchen Streßfaktoren zählen Überfälle, Vergewaltigungen, andere sexuelle Mißhandlungen, ernste Verletzungen, Folter, Erlebnisse in einem Konzentrationslager, Überschwemmungskatastrophen, Erdbeben, militärische Kampfhandlungen und ähnliches. Ich bin mit anderen (Cermak 1985) der Meinung, daß das Aufwachsen oder Leben in einer ernstlich gestörten Familie oder in einem vergleichbaren Umfeld häufig zu einer PTSS führt oder eng mit ihr verbunden ist. Allgemein herrscht die Auffassung, daß eine PTSS dann die ernstesten Folgen hat und am schwersten zu behandeln ist, wenn 1. der traumatische Einfluß über einen *längeren* Zeitraum besteht, d.h.

Die Rolles des Stresses

länger als sechs Monate dauert, und das vor allem, wenn 2. die Traumata durch *andere Menschen hervorgerufen wurden* und wenn 3. diejenigen, die mit dem Betroffenen zusammenleben, die Existenz des Streßfaktors oder des Stresses *leugnen*. In der Familie eines Alkoholikers und ähnlich gestörten Familien werden alle drei Bedingungen erfüllt.

Das Wiedererleben des Traumas

Das zweite Symptom oder die zweite Manifestation ist das Wiedererleben des Traumas. Dabei kann es sich um wiederkehrende und sich ins Bewußtsein drängende Erinnerungen an die traumatische Situation handeln, um Alpträume oder um das plötzliche Auftreten von Symptomen, die mit dem Wiedererleben des Traumas verbunden sind, wie Pulsbeschleunigung, panische Angst und Schweißausbrüche.

Seelische Betäubung

Ein auffälliges Merkmal des Kindes in uns oder unseres wahren Selbst besteht darin, daß es Gefühle hat und diese Gefühle auch zum Ausdruck bringt (3. Kapitel, Tabelle 1). Das co-abhängige oder falsche Selbst dagegen leugnet echte Gefühle und deckt sie zu. Diese fortgeschrittene Störung, die wir seelische Betäubung nennen, ist ein Kennzeichen der PTSS. Sie kann die Form einer Einengung, völliger Abwesenheit von Gefühlen oder eines Gefühlsausdrucks annehmen, was häufig eine Entfremdung oder ein Sichzurückziehen zur Folge hat oder in die Isolation führt. Ein weiteres Merkmal kann das Nachlassen des Interesses an wichtigen Aktivitäten des Lebens sein.

Cermak (1986) beschreibt diese seelische Betäubung: »In einer extremen Streßsituation wird von einem Soldaten auf dem Schlachtfeld oft verlangt, daß er sich so verhält, als ob er keine Gefühle hätte. Das Überleben hängt von seiner Fähigkeit ab, Gefühle zugunsten der notwendigen Schritte, die seine Sicherheit gewährleisten, zurückzustellen. Unglücklicherweise heilt die dadurch erzeugte Spaltung zwischen dem Selbst und dem Erleben nicht so leicht wieder. Sie verschwindet nicht einfach nach einer gewissen Zeit. Solange kein aktiver Heilungsprozeß stattfindet, erlebt der Betroffene eine *Einengung seiner Gefühle, eine verminderte Fähigkeit, gegenwärtige Gefühle zu erkennen,* und das ständige *Gefühl einer Isolierung von der Umwelt* (Depersonalisation). Das alles führt zur einer *seelischen Betäubung.*«

Weitere Symptome

Ein weiteres Symptom der PTSS kann eine *Hypervigilanz* (Überwachsamkeit) sein. Der Betroffene ist durch den ständigen Streß so mitgenommen und verängstigt, daß er ständig auf der Hut ist und auf alle möglichen Anzeichen für ähnliche Streßfaktoren oder Gefahren achtet und versucht, sie zu vermeiden. Ein weiteres Symptom stellen die *Schuldgefühle des Überlebenden* dar, d.h. eines Menschen, der dem Trauma entronnen ist oder einen Teil des Traumas vermeiden konnte. Während man von den Schuldgefühlen des Überlebenden behauptet, sie würden dem Betroffenen vorgaukeln, er habe die anderen verraten oder im Stich gelassen, was häufig zu chronischen Depressionen führt, glaube ich, daß es eher andere Faktoren sind, die zu chronischen Depressionen führen, vor allem die Unterdrückung des Kindes in uns.

Ein weiteres Symptom kann darin bestehen, daß der Betroffene *Aktivitäten vermeidet, die* mit dem Trauma *in Verbindung stehen.* Ein letztes Symptom, das nicht in der DSM-III-Liste steht, ist die *multiple Persönlichkeit.* Menschen, die eine multiple Persönlichkeit haben, stammen oft aus extrem gestörten, gestreßten oder dysfunktionalen Familien. Möglicherweise sind solche multiplen Persönlichkeiten Folgen des falschen oder co-abhängigen Selbst und werden teilweise von den Energien angetrieben, die eigentlich das wahre Selbst braucht, um seine Gefühle ausdrücken zu können.

Cermak zufolge kann die Dynamik einer Störung, die wir als »Situation des erwachsenen Kindes eines Alkoholikers«, »EKA-Syndrom« oder ähnlich bezeichnen, eine Kombination der PTSS und der *Co-Abhängigkeit* darstellen. Nach den Erfahrungen, die ich bei der Behandlung und Beobachtung des Gesundungsprozesses von erwachsenen Kindern von Alkoholikern oder in anderer Weise gestörten oder dysfunktionalen Familien gesammelt habe, bin ich zu der Überzeugung gekommen, daß PTSS und Co-Abhängigkeit in vielen gestörten Familien anzutreffen sind. Ich glaube darüber hinaus, daß PTSS nur die extreme Ausprägung einer umfassenderen Störung ist, die durch die Unterdrückung des wahren Selbst verursacht wird, ganz gleich, in welcher Form sich diese Unterdrückung vollzieht. Wenn man uns daran hindert, uns an etwas zu erinnern, unsere Gefühle auszudrücken und einen Verlust oder ein Trauma – ganz gleich ob real oder nur befürchtet – durch den freien Ausdruck des Kindes in uns zu betrauern, werden wir krank. Aus diesem Grunde sehen wir zwischen dem Mangel an Trauerarbeit, der sich durch schwach ausgeprägte Symptome oder Anzeichen von Traurigkeit ausdrückt, über die Co-Abhängigkeit bis zur PTSS einen fließenden Übergang. Gemeinsamer Nenner ist dabei die Blockade des Ausdrucks des wahren Selbst.

Die Behandlung der PTSS besteht aus einer längeren Gruppentherapie, an denen andere Menschen teilnehmen, die ebenfalls unter dieser Störung leiden, und je nach Bedarf zusätzlich noch aus einer kürzeren Einzeltherapie. Viele der Prinzipien der Therapie des Kindes in uns sind auch bei der Behandlung der PTSS hilfreich.

Cermak sagt: »Therapeuten, die erfolgreich mit diesen Patienten arbeiten, haben gelernt, das Bedürfnis des Klienten, seine Gefühle bei sich zu behalten, zu respektieren. Der erfolgreichste therapeutische Prozeß besteht aus einem ständigen Hin- und Herschwingen zwischen einer Enthüllung der Gefühle und ihrem Verbergen, und genau diese Modulationsfähigkeit haben die PTSS-Klienten verloren. Man muß ihnen die Sicherheit geben, daß man ihnen ihre Fähigkeit, ihre Gefühle wieder in sich zu verschließen, niemals nehmen wird, sondern daß diese als ein wichtiges Werkzeug der Lebensbewältigung betrachtet wird.

Das eigentliche Ziel der Therapie besteht in einem solchen Fall darin, dem Klienten zu helfen, sich frei mit seinen Gefühlen auseinandersetzen zu können, und ihm die Sicherheit zu vermitteln, daß er anschließend wieder auf Distanz gehen kann, wenn er das Gefühl bekommt, von den Gefühlen überwältigt zu werden. Wenn Kinder aus drogenabhängigen Familien, erwachsene Kinder von Alkoholikern und andere PTSS-Patienten darauf vertrauen können, daß man ihnen nicht ihren Überlebensmechanismus wegnehmen will, sind sie eher bereit, ihren Gefühlen freien Lauf zu lassen, wenn auch nur für einen kurzen Augenblick. Und dieser Augenblick markiert einen Anfang.«

8

Wie können wir das Kind in uns heilen?

Um unser wahres Selbst wiederentdecken und das Kind in uns heilen zu können, müssen wir einen *Prozeß* in die Wege leiten, der aus folgenden vier Schritten besteht:

1. Wir müssen das *wahre Selbst* oder das Kind in uns entdecken und uns darin üben, es zu sein.
2. Wir müssen unsere gegenwärtigen körperlichen, geistig-seelischen und spirituellen *Bedürfnisse* erkennen. Wir müssen üben, diese Bedürfnisse von zuverlässigen, hilfreichen Personen *befriedigen* zu lassen.
3. Wir müssen den Schmerz über nicht betrauerte *Verluste* oder *Traumata* identifizieren, in Anwesenheit zuverlässiger, hilfreicher Leute wiedererleben und *betrauern*.
4. Wir müssen unsere *Kernprobleme* (wie sie weiter unten beschrieben werden) erkennen und durcharbeiten.

Diese Schritte sind zwar eng miteinander verwandt, jedoch nicht in einer besonderen Reihenfolge auszuführen. Die damit zusammenhängende Arbeit und die Heilung des inneren Kindes verlaufen in der Regel eher kreisförmig, wobei Verarbeitung und Entdeckung in einem Bereich ein Bindeglied zum nächsten Bereich darstellen.

Phasen des Heilungsprozesses

Überleben

Um überhaupt wieder gesund werden zu können, müssen wir natürlich zuerst einmal überleben. Überlebende sind notwendigerweise co-abhängig. Wir verwenden viele Überlebenstechniken und Abwehrmechanismen, um unser Überleben zu sichern. Kinder von Alkoholikern und aus anderen gestörten oder dysfunktionalen Familien überleben, indem sie ausweichen, sich verstecken, verhandeln, sich um andere kümmern, so tun als ob, leugnen, sich anpassen und lernen, jede andere Methode anzuwenden, die ihr Überleben sicherstellt. Sie lernen zusätzliche, oft ungesunde Abwehrmechanismen, wie sie Anna Freud beschrieben und Vaillant zusammengefaßt hat. Dazu zählen: Intellektualisierung, Verdrängung, Abspaltung, Verschiebung und Reaktionsbildung (alle können, wenn sie im Übermaß angewendet werden, als neurotisch betrachtet werden) sowie Projektion, passiv-aggressives Verhalten, Agieren, Hypochondrie, Größenwahn und Verleugnung (diese können, wenn sie im Übermaß angewendet werden, als unreif und mitunter sogar als psychotisch betrachtet werden).

Auch wenn diese Abwehrmechanismen in unseren gestörten Familien eine Funktion haben, wirken sie sich im Erwachsenenalter negativ aus. Wenn wir versuchen, eine gesunde Beziehung einzugehen, arbeiten sie gegen unsere Interessen. Durch ihre Anwendung wird das Kind in uns unterdrückt und verkümmert, unser falsches oder co-abhängiges Selbst wird dagegen gefördert und verstärkt.

Ginny, eine 21jährige Frau, die in einer Alkoholikerfamilie aufgewachsen ist, schrieb am Beginn ihrer Heilung folgendes Gedicht. Es macht einen Teil der Schmerzen im Stadium des bloßen Überlebens anschaulich.

Wie können wir das Kind in uns heilen?

Angst vor der Nacht

Wie das Kind, das in der Nacht
auf warme Hände und Arme wartet,
die es in seiner Einsamkeit umschließen:
um sich in der plötzlichen Geborgenheit und Liebe auszuweinen –
so versuche auch ich, in der dunklen Einsamkeit meines ungeliebten Selbst
ohne Halt, verlassen und verleugnet
mit dem stummen Weinen des Kindes
die uralte Hoffnung –
den alten sicheren Zauber, daß man gewollt wird,
zu beschwören

Das Kind in mir lebt immer noch
mit diesem scharfen Schmerz der verwirrten Unschuld,
betrogen. Ach welch quälendes Paradox.
Man spürt die Rettung
und weiß doch, daß es keine gibt.
Gejagt von alten Träumen, die zwar verblaßt, aber immer noch stark sind,
Erinnerungen an der Liebe zärtliche, liebevolle Berührung,
ich warte.

Man wartet. Man wartet immer.
Vergessen ist es – dieses namenlose Verlangen,
das die Jahre aus meinem verödeten Herzen geprügelt haben.
Aber wie eine urwüchsige Kraft
winkt es mir zu, bedrängt mich in meiner Wirklichkeit,
läßt starre Vernunft stumpf werden.

Und ich wirke grotesk in meinem hilflosen Verlangen,
wende meinen Geist nach innen, zurück.

Dumpf ist auch der Schmerz der vielen jungen Erinnerungen,
die schwächen und sich widersetzen
nachgeben und dann sterben.
Ich lebe nicht;
ich warte in einer solchen Unhoffnung.

Ginny beschreibt ihre Schmerzen, ihre seelische Taubheit, Isolation und Hoffnungslosigkeit. Trotzdem enthält die Zeile »Das Kind in mir lebt noch« einen Hoffnungsschimmer.

Ein Teil des Heilungsprozesses besteht darin, daß wir uns selbst, also das Kind in uns, *entdecken* und dahinterkommen, in welcher Weise wir diese untauglichen Mittel einsetzen, um eine Beziehung zu uns selbst, zu anderen und zur Welt aufzunehmen. Das alles läßt sich am besten während der Arbeitsphase der Heilung erreichen.

Auch wenn uns klar ist, daß wir überleben werden, müssen wir uns auch damit konfrontieren, daß wir leiden werden und uns abquälen müssen, denn sonst stumpfen wir ab. Oder wir wechseln ständig zwischen Leiden und Taubheit. Allmählich wird uns dann klar, daß die gleichen Fähigkeiten und Abwehrmechanismen, die uns in unserer unglücklichen frühen Kindheit und in unserer Jugend das Überleben gesichert haben, für den Erwachsenen nicht das geeignete Mittel sind, die es uns ermöglichen, eine gesunde Intimbeziehung zu gestalten. Die Enttäuschung über die schlechte Behandlung, das Leid der Co-Abhängigkeit und unser Versagen als Partner in einer Intimbeziehung arbeiten gegen uns. Sie drängen und zwingen uns mitunter sogar dazu, uns nach anderen, wirksameren Methoden umzusehen, und das kann der Beginn unserer Heilung sein.

Gravitz und Bowden (1985) teilen den Heilungsprozeß ihrer EKA-Patienten in sechs Phasen ein: 1. Überleben, 2. Entwicklung des Bewußtseins, 3. Kernprobleme, 4. Transformationen, 5. Integration und 6. Genesis (oder Spiritualität). Diese Phasen entsprechen den vier Phasen der Entwicklung des Lebens und seiner Transformation, die Ferguson (1984) beschrieben hat, und den drei Phasen der

Wie können wir das Kind in uns heilen?

klassischen Reise des Helden oder der Heldin, wie sie Campbell (1979) und andere beschrieben haben. Wir können die Ähnlichkeiten dieser Methoden wie folgt zusammenfassen:

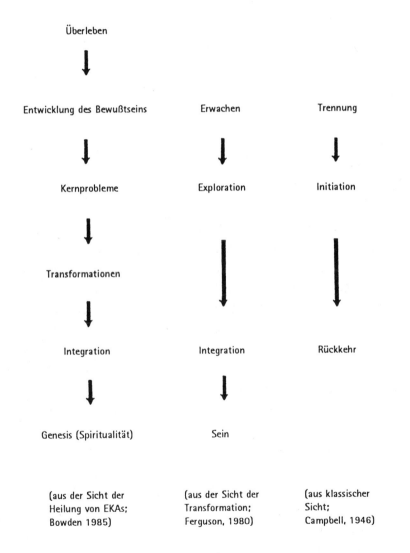

| (aus der Sicht der Heilung von EKAs; Bowden 1985) | (aus der Sicht der Transformation; Ferguson, 1980) | (aus klassischer Sicht; Campbell, 1946) |

Jede Phase dient der Heilung des inneren Kindes und wird häufig erst im nachhinein erkannt. Wenn wir uns in einer bestimmten Phase befinden, fällt es uns oft schwer, das klar zu erkennen. Das ist einer der Gründe, warum Leiter, Berater, Therapeuten oder »Sponsoren« für den Heilungsprozeß so wichtig sind. Eine Therapiegruppe, die sich an den Prinzipien der EKA-Heilung orientiert, wie sie in diesem Buch und anderswo beschrieben werden, kann ganz besonders hilfreich sein.

Erwachen (Entwicklung des Bewußtseins)

Erwachen bedeutet, daß man zum ersten Mal eine Ahnung davon bekommt, daß die »Dinge« oder die »Realität« nicht so sind, wie wir es bisher angenommen haben. Das Erwachen ist ein Prozeß, der sich über die ganze Heilungsperiode erstreckt. Am Anfang brauchen wir einen *Ausgangspunkt* oder einen *Auslöser* – irgend etwas, das unsere alte Auffassung oder Anschauung von der Realität bzw. die Art, wie wir die Dinge gesehen haben, erschüttert.

Da unser wahres Selbst sich verbirgt und unser falsches oder co-abhängiges Selbst im Vordergrund steht, kann es sein, daß uns das Erwachen nicht leichtfällt. Trotzdem geschieht es häufig. Ich habe diesen Prozeß in Hunderten von Fällen bei Menschen beobachten können, die als Kind ein Trauma erlitten haben. Der Ausgangspunkt oder Auslöser kann mannigfacher Art sein. Es kann sein, daß jemand etwas über die Heilung eines anderen Menschen oder über dessen wahres Selbst hört oder liest, oder der Betroffene ist das »ewige Leiden satt« und nimmt entschlossen sein Lebensproblem in Angriff, indem er sich in Therapie begibt, sich beraten läßt, an einer Selbsthilfegruppe teilnimmt oder auf andere Weise neue Erfahrungen macht, sei es daß er ein bestimmtes Buch liest oder von einem Freund etwas über die Problematik erfährt.

In dieser Phase erleben wir oft einen Zustand der Verwirrtheit und Angst, oder wir sind begeistert und aufgeregt, traurig, wie betäubt oder auch wütend. Das bedeutet, daß wir wieder anfangen, *Gefühle* zu haben. Wir nehmen wieder Kontakt mit uns selbst auf, mit dem, der wir wirklich sind: mit dem Kind in uns,

Wie können wir das Kind in uns heilen?

mit unserem wahren Selbst. Manche Menschen geben in diesem Stadium auf – sie machen nicht weiter. Sie finden es leichter und »angenehmer«, sich wieder auf ihr falsches oder co-abhängiges Selbst zurückzuziehen (d. h. in die Co-Abhängigkeit zurückzufallen), weil die Gefühle ihnen angst machen.

Alkoholiker, Drogenabhängige oder Menschen, die in anderer Weise abhängig sind, die zum Beispiel zwanghafte Esser oder zwanghafte Spieler sind, können rückfällig werden. Oder sie entwickeln eine andere Form schamgeprägten Zwangsverhaltens und geben beispielsweise mehr Geld aus, als sie haben. Trotzdem bietet uns dieses Erwachen die Gelegenheit, den Sprung ins kalte Wasser zu wagen, um unser wahres Selbst, unsere Lebendigkeit und schließlich unser Glück zu finden.

Wie man Hilfe findet

In diesem Stadium ist es sehr hilfreich, wenn wir einen Berater, Therapeuten oder »Sponsor« haben, der uns hilft, das Kind in uns zu finden und zu heilen. Die Person, die sich im Heilungsprozeß befindet, ist in der Regel jedoch sehr verletzlich, und das ist sehr oft auf die Verwirrtheit, die Angst, die Begeisterung und/oder den Widerstand gegen die Heilung zurückzuführen. Wenn allerdings der Helfer oder Therapeut *sein inneres Kind* selbst noch nicht *geheilt* hat, kann es geschehen, daß er den gerade erwachten Patienten mißbraucht, um einen Teil seiner eigenen Bedürfnisse zu befriedigen. Das führt dazu, daß der Patient, Klient, Student oder einfach der »Dumme« aufs neue traumatisiert wird, wodurch ein neuer Teufelskreis beginnt, der vom unaufgelösten Trauma wieder zum falschen Selbst führt.

Leitlinien

Um einen Therapeuten, Berater oder »Sponsor« zu finden, der Ihnen hilft, statt Ihnen zu schaden, sollten Sie auf folgendes achten:

1. Nachweis einer Ausbildung und der entsprechenden Erfahrung. So verfügt zum Beispiel ein Psychotherapeut oder Arzt über die Ausbildung und hat die nötige Erfahrung, um Leuten helfen zu können, die sich geistig-seelisch und spirituell weiterentwickeln wollen. Er ist darüber hinaus in der Lage, dem Betroffenen bei spezifischen Problemem oder Störungen zu helfen, so zum Beispiel den erwachsenen Kindern von Alkoholikern oder aus gestörten Familien)
2. Keine dogmatische, starre oder kritisierende Haltung
3. Kein Versprechen einer schnellen Heilung oder schneller Lösungen.
4. Wenn Sie das Gefühl haben, daß den Menschen, die Ihnen helfen wollen, wirklich etwas an Ihnen und an Ihrer Heilung und Entwicklung liegt und daß Sie von ihnen als Mensch akzeptiert werden, dann sind diese Menschen auch stark genug, um Ihnen die Anstöße zu vermitteln, die Sie brauchen, um selbst an Ihrer Heilung arbeiten zu können.
5. Ein *Teil* Ihrer Bedürfnisse muß in der Therapiesitzung befriedigt werden (Zuhören, Feedback, Echo, Geborgenheit, Respekt, Verständnis und Akzeptieren Ihrer Gefühle).
6. Ermutigung und Hilfe, damit Sie auch *außerhalb* der Therapiesitzungen Ihre Bedürfnisse auf eine gesunde Art befriedigen können.
7. Die Helfer müssen in dem Prozeß der Heilung ihres eigenen inneren Kindes bereits erheblich weit fortgeschritten sein.
8. Der Therapeut darf Sie nicht zur Befriedigung seiner eigenen Bedürfnisse mißbrauchen. (Es kann schwierig sein, das festzustellen.)
9. Sie müssen sich bei den Helfern sicher und relativ wohl fühlen.

Auch ein Freund, der sich selbst in diesem Heilungsprozeß befindet, kann womöglich über viele dieser Qualitäten verfügen. Allerdings hört ein Freund oder Verwandter nicht unbedingt so aufmerksam zu und hat außerdem auch nicht die Ausbildung, um Ihnen bei Ihren speziellen Problemen helfen zu können. Es kann sein, daß Freunde und Verwandte Sie dazu benützen, ihre eigenen Bedürfnisse zu befriedigen, und das geschieht häufig in einer ungesunden und

Wie können wir das Kind in uns heilen?

wenig konstruktiven Weise. Und *manche* Freunde und Verwandte werden Sie – gewöhnlich unbewußt – früher oder später verraten oder zurückweisen. Das kann zur Folge haben, daß Sie sich »aussätzig« oder »verrückt« vorkommen. Sie sollten die Nähe solcher Leute, die selbst noch nicht geheilt sind, nach Möglichkeit meiden, denn sie können Ihnen gefährlich werden.

Es wird wahrscheinlich eine gewisse Zeit dauern, bis Sie dem Therapieprozeß und der Heilung so vertrauen, daß Sie sich stark genug fühlen, um die Enthüllung Ihres wahren Selbst zu wagen. Lassen Sie sich Zeit. Bei manchen geht es verhältnismäßig schnell und dauert nur ein paar Wochen, bei anderen dauert es möglicherweise länger als ein Jahr. Wichtig ist, daß Sie Ihrem Therapeuten Ihre Ängste mitteilen und sie nicht vor ihm verbergen. Wenn Sie diesen einen Schritt tun, durchbrechen Sie das in der Kindheit gelernte Verhaltensmuster, das aus einer Verleugnung Ihrer Gefühle bestand.

Wenn Sie ein gewisses Vertrauen spüren, können Sie es wagen, über Ihre intimsten Geheimnisse, Ängste oder Sorgen zu sprechen. In meinem ersten Buch *Alcoholism and Spirituality* habe ich die heilende Kraft beschrieben, die darin liegt, daß wir anderen unsere Geschichte erzählen. Bei anderen Autoren findet man den gleichen Gedanken (Hillman 1983). Ob Einzel- oder Gruppentherapie, Reden hilft immer. Dabei macht es überhaupt nichts aus, wenn Sie am Anfang stottern oder zusammenhangloses Zeug reden. Sie können Ihren Berater, Therapeuten oder Gruppenleiter ohne weiteres darum bitten, Ihnen zu sagen, wie Sie bei den anderen angekommen sind. Ganz gleich, welche Therapiemethode Sie sich ausgesucht haben, ist es immer sehr hilfreich, wenn Sie auch *außerhalb* der Therapiesitzungen an Ihrer Heilung arbeiten. Dazu können Aktivitäten wie Nachdenken, Abwägen, Fragen oder Überlegungen im Hinblick auf verschiedene Ideen oder Möglichkeiten zählen. Sie können Tagebuch führen, vertrauenswürdigen Leuten Ihre Träume erzählen oder Konflikte bearbeiten, die Sie mit anderen Menschen haben.

Wenn Sie mit anderen Menschen über sich selbst reden, sollten Sie mit der Zeit immer mehr Wert auf eine klare und präzise Ausdrucksweise legen, das gilt vor allem für die Gruppentherapie oder die Arbeit in Selbsthilfegruppen.

In der Psychotherapie ist es eine Binsenweisheit, daß Menschen sich in der Therapie in der Regel genauso oder so ähnlich verhalten wie im normalen Leben. Es kann Ihrer Heilung förderlich sein, wenn Sie den Therapeuten oder die Gruppe fragen, wie das bei Ihnen ist.

Schließlich gibt es in der Therapie noch das Problem der *Übertragung*, was sich darin ausdrückt, daß Sie Ihre Gefühle und Beziehungskonflikte auf Ihren Berater, Therapeuten oder die Gruppe übertragen. Seien Sie mutig, und drücken Sie präzise das aus, was Sie empfinden, auch wenn Sie wütend sind, sich schämen, Schuldgefühle oder andere Gefühle haben, ganz gleich, wie unwichtig es Ihnen zunächst erscheinen mag. Sagen Sie sich immer wieder, daß Ihre Gefühle in Ordnung sind, auch wenn Sie befürchten, sie könnten schlecht oder ungerechtfertigt sein.

Wenn Sie einmal Vertrauen gewonnen haben und es im Verlauf Ihres Heilungsprozesses wagen, sich zu öffnen, sind Sie in der Regel so weit, daß Sie anfangen können, sich mit einem Teil Ihrer *Kernprobleme* zu beschäftigen.

9

Beginn der Beschäftigung mit den Kernproblemen

Ein *Problembereich* schließt jeden Konflikt, jede Sorge oder jedes potentielle Problem ein, sei es bewußt oder unbewußt, das nicht erledigt ist und bearbeitet oder verändert werden muß.

Bei der Heilung des Kindes in uns gibt es mindestens 14 *Kernprobleme*, die wir bearbeiten können. Acht davon sind von anderen Autoren bereits genau beschrieben worden; diese acht Kernprobleme beziehen sich auf: Kontrolle, Vertrauen, Gefühle, zu großes Verantwortungsgefühl, Vernachlässigung der eigenen Bedürfnisse, Denken oder Verhalten nach dem Alles-oder-nichts-Prinzip, hohe Toleranz für unangemessenes Verhalten und ein schwach ausgeprägtes Selbstwertgefühl. Ich habe dieser Liste noch einige Punkte hinzugefügt: das Problem, wirklich dazusein, Trauer über bisher nicht betrauerte Verluste, Angst vor dem Verlassenwerden, Schwierigkeiten beim Konfliktlösen und Schwierigkeiten, Liebe zu geben und Liebe zu empfangen.

Wenn solche Probleme, Sorgen, Konflikte oder Verhaltensmuster in unserem Leben auftauchen, können wir sie mit ausgewählten, vertrauenswürdigen, hilfreichen Personen besprechen. Zu Anfang ist womöglich noch nicht ganz klar, welches dieser Kernprobleme – womöglich sogar mehrere – akut ist, denn sie zeigen sich uns nicht gleich als kritisches Problem, sondern machen zunächst einen alltäglichen Eindruck. Wenn wir jedoch konsequent darüber nachdenken und anderen beschreiben, wie wir uns fühlen, wird im allgemeinen sehr schnell klar, welcher Problembereich oder welche Bereiche akut berührt sind. Dieses Wissen hilft uns, uns allmählich von unserer Verwirrung, unserer Unzufriedenheit und unseren unbewußten, negativen Lebensmustern (Wiederholungszwängen) zu befreien.

Denken und Handeln nach dem Alles-oder-nichts-Prinzip

Es handelt sich dabei um einen Abwehrmechanismus, den die Therapeuten *Spaltung* nennen. Wenn wir so denken oder handeln, orientieren wir uns an den Extremen. Wir lieben zum Beispiel einen Menschen, oder wir hassen ihn; es gibt keinen Mittelweg. Wir betrachten die Menschen um uns herum entweder als schlecht oder als gut und nicht so, wie sie wirklich sind. Und uns selbst beurteilen wir genauso hart. Je stärker wir zum Alles-oder-nichts-Denken neigen, um so eher *verhalten* wir uns auch dementsprechend. Beide Extreme können uns in Schwierigkeiten bringen und uns unnötige Schmerzen bereiten.

Es kann sein, daß wir uns von anderen angezogen fühlen, die sich in ihrem Denken ebenfalls von dem Prinzip des Alles-oder-Nichts leiten lassen und sich auch so verhalten. Aber in Gegenwart solcher Menschen nehmen unsere Schwierigkeiten und unser Leid nur noch weiter zu.

Tabelle 3 zeigt die Störungen der Eltern, die mit der Dynamik der erwachsenen Kindern von Alkoholikern oder aus anderweitig gestörten Familien zusammenhängen. Alles-oder-nichts-Denken kann zwar in all diesen elterlichen Störungen enthalten sein, kommt aber besonders häufig in Familien vor, die streng religiös und oft starr, bestrafend, kritisierend und perfektionistisch sind. Sie leben häufig in einem schamgeprägten System, in dem man versucht, alles zuzudecken, und dabei sogar das wahre Selbst zerstört.

Alles-oder-nichts-Denken ähnelt dem aktiven Alkoholismus, der Abhängigkeit von anderen Drogen, der Co-Abhängigkeit oder anderen aktiven Suchtformen und Abhängigkeiten, durch die unsere Möglichkeiten auf drastische und unrealistische Weise eingeschränkt werden und die uns ein Gefühl der Beengung vermitteln. Wir sind dann nicht in der Lage, kreativ zu sein und uns in unserem Alltagsleben weiterzuentwickeln.

In der Heilphase lernen wir, daß die meisten Dinge im Leben – und dazu gehört auch unser Heilungsprozeß – nicht nach dem Alles-oder-nichts-Prinzip ablaufen, daß alles eher einem »Sowohl-als-auch« als einem »Entweder-oder« folgt. Nichts ist schwarz oder weiß, sondern alles hat verschiedene Grautöne, die irgendwo in der Mitte liegen; es muß also nicht unbedingt immer eine 0 oder eine 10 sein, sondern es kann eine 3, 4, 5, 6 oder 7 sein.

Kontrolle

Kontrolle ist womöglich das beherrschende Thema unseres Lebens. Ob wir nun glauben, das Verhalten eines anderen Menschen, das eigene Verhalten oder etwas anderes kontrollieren zu müssen, in jedem Fall neigt unser co-abhängiges Selbst dazu, sich an diesem Gedanken festzubeißen und ihn nicht mehr loszulassen. Und das führt oft zu Leiden, Verwirrtheit und Frustration.

Letzten Endes können wir das Leben nicht unter Kontrolle bringen. Je mehr wir uns darum bemühen, um so stärker spüren wir, wie wir die Kontrolle verlieren, weil wir uns so sehr auf dieses Problem konzentrieren. Häufig ist ein Mensch, der glaubt, die Kontrolle verloren zu haben, von dem Bedürfnis besessen, alles und jedes unter Kontrolle bringen zu müssen.

Ein anderes Wort für Kontrolle ist Anhaften. Kluge Menschen haben entdeckt, daß Anhaften oder das Bedürfnis zu kontrollieren die Wurzel allen Leids ist. Das Leid ist sicher ein Bestandteil des Lebens. Wir alle müssen möglicherweise erst leiden, bevor wir eine Alternative erkennen können. Das Leiden kann uns zeigen, wo wir unseren inneren Frieden finden können. Eine Möglichkeit, unsere Leiden zu lindern, besteht fast immer darin, daß wir lernen, uns hinzugeben: Wir opfern unser falsches oder co-abhängiges Selbst und unser zwanghaftes Anhaften oder Festhalten an der Idee, daß wir alles unter unsere Kontrolle bringen könnten.

Sehr bald werden wir feststellen, daß einer der wichtigsten Heilungsschritte darin besteht, daß wir uns von dem Drang befreien, immer alles unter Kontrolle haben zu müssen. Das ist die Freiheit unseres wahren Selbst oder des Kindes in uns. In diesem Zusammenhang bedeutet das Wort Hingabe nicht »aufgeben« oder »kapitulieren«, so als hätte man einen Krieg verloren. Wir meinen damit, daß derjenige, der sich hingibt, den Kampf gegen das Bemühen, ständig Kontrolle ausüben zu müssen, *gewinnt,* und auf diese Weise den größten Teil der daraus resultierenden, unnötigen Leiden lindert. Das Ganze stellt einen Prozeß dar, der sich über das gesamte Leben erstreckt, und ist kein Ziel, das man nur einmal erreicht.

Das Bedürfnis, alles kontrollieren zu müssen, hängt eng mit verschiedenen anderen Lebensproblemen zusammen und schließt sie ein: Willenskraft, die Angst, die Kontrolle zu verlieren, Abhängigkeit/Unabhängigkeit, Vertrauen, das Erleben von Gefühlen, vor allem von Wut, Selbstwertgefühl und Scham, Spontaneität, Selbstgenügsamkeit, das Alles-oder-nichts-Prinzip und Erwartungen, die man in sich selbst und in andere setzt. Viele Menschen haben diese wichtigen Problembereiche des Lebens noch nicht bearbeitet. Trotzdem glauben die meisten, sie hätten diese Probleme gelöst, d.h., sie hätten sie und alle anderen Problem unter Kontrolle. Mitunter glauben sie sogar, sie könnten das *Leben selbst* unter Kontrolle bringen.

Es ist schwer zu lernen, daß man das *Leben nicht unter Kontrolle bringen kann.* Die intensiven und geheimnisvollen Prozesse des Lebens gehen weiter, ganz gleich, was wir tun. Das Leben läßt sich nicht unter Kontrolle bringen, denn es ist viel zu vielfältig, spontan und unberechenbar, um ganz verstanden, geschweige denn durch unser denkendes Ich oder unseren Geist kontrolliert werden zu können.

An diesem Punkt können wir erkennen, daß es einen Ausweg gibt, einen Weg, auf dem wir uns von den Leiden befreien können, die mit unserem Bedürfnis, immer alles unter Kontrolle zu bringen, zusammenhängen. Und dieser Ausweg besteht darin, daß wir uns hingeben und dann allmählich zum *Mitschöpfer* des Lebens werden, also einen Prozeß durchlaufen, wie ich ihn in

Alcoholism and Spirituality beschreibe. An dieser Stelle kommt auch der spirituelle Aspekt der Heilung als wirksame Hilfe ins Spiel. Die Teilnahme an einem 12-Schritte-Programm wie zum Beispiel Al-Anon, Anonyme Alkoholiker, Narcotics Anonymous und Overeaters Anonymous ist hilfreich, aber auch andere spirituelle Wege können helfen.

Wir bearbeiten die Pobleme, die wir mit dem Phänomen der Kontrolle haben, indem wir uns von vertrauenswürdigen Menschen helfen lassen und uns selbst hingeben, denn dann beginnen wir, unser wahres Selbst zu entdecken und uns wieder lebendiger zu fühlen.

Ein zu stark ausgeprägtes Verantwortungsgefühl

Viele von uns, die in einer gestörten oder dysfunktionalen Familie aufgewachsen sind, haben ein zu stark ausgeprägtes Verantwortungsgefühl. Das schien oft die einzige Möglichkeit zu sein, wie man quälende Gefühle wie zum Beispiel Zorn, Angst und Verletztheit vermeiden konnte. Außerdem vermittelte uns dieses Gefühl die Illusion, alles unter Kontrolle zu haben. Aber was damals zu funktionieren schien, geht heute nicht mehr so gut.

Ein 40jähriger Patient, den ich behandelt habe, erzählte mir, er habe immer »ja« gesagt, wenn man ihn an seinem Arbeitsplatz um irgend etwas bat, und das habe ihm viel Kummer bereitet. Nachdem er zwei Jahre an einer Gruppentherapie teilgenommen, an sich gearbeitet und ein zusätzliches Selbstsicherheitstraining absolviert hatte, hatte er gelernt, »nein« zu sagen und anderen das zu überlassen, was er selbst nicht tun konnte oder nicht tun wollte. Er ist auf dem besten Wege, sein wahres Selbst, sein inneres Kind zu entdecken.

Es gibt Leute, die nicht zuviel, sondern zu wenig Verantwortung übernehmen, sich nie verantwortlich fühlen, völlig passiv sind und sich als Opfer der Welt betrachten. Ihnen hilft es in der gleichen Weise, wenn sie im Verlauf ihres Heilungsprozesses an diesen Problemen arbeiten; manche von ihnen profitieren auch von einem Selbstsicherheitstraining.

Vernachlässigung der Bedürfnisse

Die Verleugnung und Vernachlässigung unserer Bedürfnisse stehen in einem engen Zusammenhang mit dem zu stark ausgeprägten Verantwortungsgefühl. Beides sind Teile unseres falschen Selbst. Es kann Ihnen an dieser Stelle weiterhelfen, wenn Sie sich das 4. Kapitel noch einmal durchlesen. Vielleicht hilft es Ihnen auch, wenn Sie sich eine Kopie der Tabelle 2 machen, auf der einige unserer menschlichen Bedürfnisse aufgelistet sind, und sie sich irgendwo hinlegen, wo Sie sie gut sehen können – Sie können sie sogar immer bei sich tragen.

Wenn wir unseren Heilungsprozeß aufmerksam verfolgen und daran arbeiten, sind wir nach einer gewissen Zeit in der Lage, Menschen und Orte zu bestimmen, wo wir diese Bedürfnisse auf eine gesunde Weise befriedigen können. Wenn dann nach und nach eine immer größere Anzahl unserer Bedürfnisse befriedigt worden ist, gelangen wir zu der entscheidenden Erkenntnis, daß *wir selbst* die einflußreichste, effektivste und mächtigste Person sind, die uns helfen kann, das zu bekommen, was wir brauchen. Je klarer uns das wird, um so eher können wir unsere Bedürfnisse erkennen, Befriedigung verlangen und sie wirklich befriedigen. Wenn wir das tun, wird das Kind in uns erwachen, aufblühen und seine schöpferische Kraft wiedererlangen. Virginia Satir schrieb: »Wir müssen uns selbst als ein elementares Wunder und als liebenswert betrachten.«

Hohe Toleranz für unangemessenes Verhalten

Kinder aus gestörten oder dysfunktionalen Familien wachsen auf, ohne zu wissen, was normal, gesund oder angemessen ist. Da sie keinen anderen Bezugspunkt haben, um die Realität überprüfen zu können, glauben sie, daß ihre Familie und ihr Familienleben mit all seinen Widersprüchen, Traumata und seinen Leiden das normale Leben darstellt.

Wenn wir die Rolle unseres falschen oder co-abhängigen Selbst übernehmen, wozu wir durch eine gestörte Familie, problematische Freundschaften und

Arbeitsverhältnisse gebracht werden, können wir in dieser Rolle fixiert werden – dann glauben wir schließlich, daß es gar keine andere Möglichkeit gibt. Während des Heilungsprozesses lernen wir unter fachkundiger Aufsicht und von vertrauenswürdigen Helfern ganz langsam, was gesund und angemessen ist. Damit verbundene Problembereiche sind: die Neigung, sich in übertriebener Weise verantwortlich zu fühlen, die Vernachlässigung der eigenen Bedürfnisse, Gefühle, Abgrenzungsprobleme, Scham und mangelndes Selbstwertgefühl.

Tim, ein 30jähriger unverheirateter Mann, befand sich seit zwei Monaten in unserer Therapiegruppe. Er erzählte uns: »Als Kind hatte ich das Gefühl, in einer Falle zu sitzen, weil ich mir ständig das irrationale Zeug anhören mußte, das mein Vater von sich gab, wenn er getrunken hatte. Und ich wurde außerdem mit seinem irrationalen Verhalten konfrontiert, und zwar jeden Abend, vor allem an den Wochenenden. Wenn ich den Versuch machte, ihm zu entwischen, hatte ich hinterher Schuldgefühle, und meine Mutter trug noch dazu bei, indem sie mir vorwarf, ich sei ein Egoist. Selbst als Erwachsener lasse ich es mir heute noch gefallen, daß mich Leute schlecht behandeln. Von manchen lasse ich mir einfach alles gefallen. Doch bevor ich etwas über die erwachsenen Kinder aus gestörten Familien gelesen hatte und zu solchen Treffen gegangen war, dachte ich, daß mit mir selbst etwas nicht stimmt.« Tim ist dabei, etwas über seine hohe Toleranz gegenüber dem unangemessenem Verhalten anderer zu lernen, und beginnt, sich von den oft subtilen Folgen dieser schlechten Behandlung zu befreien.

Angst vor dem Verlassenwerden

Die Angst vor dem Verlassenwerden läßt sich bis zu den ersten Sekunden, Minuten und Stunden unserer Existenz zurückverfolgen. Sie steht im Zusammenhang mit der Problematik des Vertrauens und Mißtrauens und ist bei Kindern, die in gestörten oder dysfunktionalen Familien aufgewachsen sind, oft übermäßig stark ausgeprägt. Als Reaktion auf diese Angst werden wir häufig mißtrauisch; um Schmerzen zu vermeiden, blockieren wir unsere Gefühle.

Einige meiner Patienten berichteten mir, daß ihre Eltern ihnen *gedroht* hätten, sie zu verlassen, um sie als Kleinkinder auf diese Weise zu disziplinieren. Das ist grausam und führt zu einem Trauma, das nach außen hin zunächst noch harmlos wirkt, obwohl es meiner Meinung nach eine verdeckte Form der Kindesmißhandlung ist.

Juan, ein 34jähriger geschiedener Mann, erfolgreicher Schriftsteller, der in einer gestörten oder dysfunktionalen Familie aufgewachsen ist, berichete der Gruppe: »Ich kann mich kaum an die Zeit vor meinem fünften Lebensjahr erinnern, aber damals verließ mein Vater uns, mich, meine Mutter und meine jüngere Schwester – einfach so, aus heiterem Himmel. Meiner Mutter erklärte er, er habe im Westen einen Job und käme bald wieder zurück. Aber uns Kindern sagte er nichts. Dazu kam, daß meine Mutter mich zu einer Tante schickte, die tausend Kilometer weit entfernt wohnte, ohne mir zu erklären, warum. Das muß ein Schock für mich gewesen sein. Bis zum heutigen Tag habe ich das alles verdrängt. Erst in den letzten Monaten ist es mir gelungen, wieder Kontakt zu meinen Gefühlen zu bekommen, und mir ist klargeworden, daß mich nicht nur dieser Mistkerl, sondern auch meine eigene Mutter im Stich gelassen hat. Das muß dem kleinen Jungen in mir sehr weh getan haben. Erst jetzt kann ich richtig wütend werden, wenn ich daran denke.«

Auf einer der folgenden Sitzungen sagte er: »Mit Leuten, die mich im Stich lassen, bin ich bisher immer so umgegangen, daß ich jede enge Beziehung zu ihnen vermieden habe. Zu bestimmten Frauen hatte ich zunächst immer eine sehr enge Beziehung, sobald aber ein Konflikt entstand, habe ich sie sofort verlassen. Heute wird mir klar, daß ich sie verlasssen habe, bevor sie mich verlassen konnten.« Juan arbeitet weiter an seinem Schmerz und an seiner Wut, indem er sich mit dieser entscheidenden Problematik seines Lebens befaßt – der Angst vor dem Verlassenwerden.

Schwierigkeiten in der Handhabung und Lösung von Konflikten

Für erwachsene Kinder sind Schwierigkeiten in der Handhabung und Lösung von Konflikten ein Kernproblem des Heilungsprozesses. Zwischen ihnen und dem größten Teil der anderen Kernprobleme besteht ein Zusammenhang und eine Wechselwirkung.

Wenn man in einer gestörten oder dysfunktionalen Familie aufwächst, lernt man, Konflikte zu vermeiden, soweit das möglich ist. Wir haben gelernt, uns zurückziehen, wenn ein Konflikt droht. Mitunter werden wir aggressiv und versuchen, diejenigen zu überfahren, mit denen wir im Konflikt stehen. Wenn diese Methode versagt, werden wir mitunter hinterlistig und versuchen, die anderen zu manipulieren. In einer gestörten Umgebung mögen solche Methoden angebracht sein, um das Überleben zu sichern, aber in einer gesunden Intimbeziehung funktionieren sie in der Regel nicht.

Die eigentliche Heilung – die Heilung des Kindes in uns – beruht auf der Aufdeckung vieler Konflikte, die dann einer nach dem anderen verarbeitet werden müssen. Es kann jedoch sein, daß die Angst und andere negative Gefühle, die auftreten, wenn wir uns dem Konfliktbereich nähern, zu intensiv für uns sind. Statt uns mit dem Schmerz und dem Konflikt direkt zu konfrontieren, greifen wir dann lieber auf unsere alten Methoden zurück. Wir sagen uns beispielsweise: »Damit werde ich allein fertig.« Aber das Problem ist, daß so etwas noch nie funktioniert hat.

Joanne, eine 40jährige Frau, die seit sieben Monaten an einer Gruppentherapie für erwachsene Kinder aus gestörten Familien teilnahm, versuchte, die Gruppe zu beherrschen. Als dann jedoch Ken dazu kam und versuchte, ihr gegenüber bestimmt aufzutreten, und dabei manchmal so aggressiv war, daß sie Schwierigkeiten mit ihm hatte, war sie frustriert, weil er genauso dominant war wie sie. Nachdem die beiden mehrfach aneinandergeraten waren, erklärte Joanne, daß sie die Gruppe verlassen werde. Die eindringlichen Fragen der Gruppe förderten den zugrundeliegenden Konflikt zutage. Mein Kotherapeut und ich sagten: »Joanne und Ken und die ganze Gruppe sind an einem entscheidenden Punkt ihres Heilungsprozesses angelangt. Sie alle befinden sich mitten in einem *bedeutsamen* Konflikt. Da die Gruppe Ihnen Sicherheit bietet, haben Sie jetzt beide die Möglichkeit, eines Ihrer Kernprobleme zu verarbeiten. Wie sind Sie in der Vergangenheit mit solchen Konflikten umgegangen?«

Die Gruppenmitglieder sprachen darüber, daß sie früher oft vor einem solchen Konflikt weggelaufen, aggressiv geworden seien oder die anderen manipuliert hätten und daß ihnen das nichts gebracht hätte. Ein Mitglied der Gruppe sagte zu Joanne: »Du hast jetzt eine gute Gelegenheit, das Ganze zu verarbeiten. Ich hoffe, du bleibst bei uns.« Sie sagte, sie wolle sich das überlegen, kam eine Woche später wieder und erklärte uns, sie habe sich entschlossen, in der Gruppe zu bleiben.

Sie erklärte der Gruppe, daß sie das Gefühl habe, man höre ihr nicht zu und unterstütze sie nicht, und daß dieses Gefühl stärker geworden sei, seit Ken in die Gruppe gekommen sei. Es wurden noch weitere Probleme aufgedeckt, eines davon war, daß es ihr schwerfiel, ihre eigenen Bedürfnisse zu erkennen und zu befriedigen. Sie hatte außerdem immer das Gefühl gehabt, daß ihre Eltern sie nicht geschätzt und geliebt hätten. Gemeinsam mit Ken und der Gruppe arbeitete sie an ihrem Konflikt und konnte ihn nach mehreren Therapiesitzungen schließlich lösen.

Oft erkennen wir Konflikte, in denen wir uns selbst befinden, erst, wenn wir versuchen, mit ihnen umzugehen und sie zu lösen. Wenn wir uns dann sicher fühlen, riskieren wir etwas und teilen anderen unsere Befürchtungen, Gefühle und Bedürfnisse mit. Bei der Verarbeitung des Konflikts lernen wir nach und nach, Konflikte aus der Vergangenheit zu erkennen und sie gemeinsam mit den gegenwärtigen in angemessener Weise zu verarbeiten.

Zum Erkennen und Verarbeiten von Konflikten gehört allerdings auch Mut.

Wir beginnen, über unsere Probleme zu reden

Im Verlauf des Heilungsprozesses beginnen wir, aus der Tiefe unseres wahren Selbst über Erlebnisse und Ängste, wie die vor dem Verlassenwerden, zu reden.

Beginn der Beschäftigung mit dem Kernproblem

Wenn wir mit anderen Menschen, bei denen wir uns sicher fühlen und die uns akzeptieren, über unsere Gefühle, Sorgen, über unsere Verwirrtheit und unsere Konflikte reden, stellen wir eine Geschichte her, die wir sonst nicht erzählen könnten. Auch die anderen profitieren von unserer Geschichte, aber noch wichtiger ist es, daß wir als Betroffene selbst unsere eigene Geschichte *hören* können. Solange wir sie niemandem erzählt haben, können wir auch nicht wissen, wie sie zu Ende geht.

Ganz gleich, welche Sorgen oder Lebensprobleme wir bearbeiten wollen, immer werden wir von der unnötigen Last des Schweigens befreit, wenn wir erst einmal den Mut haben und beginnen, mit einem oder mehreren zuverlässigen Menschen darüber zu reden. Und wenn wir unsere Geschichte ehrlich und ohne Vorbehalte erzählen, wenn wir unser wahres Selbst sprechen lassen, werden wir auch die Wahrheit über uns selbst finden. Tun bedeutet Heilen.

Sehr oft versucht das co-abhängige Selbst, Kernprobleme und Gefühle, sobald sie auftauchen, schnell wieder zu verdecken oder zu maskieren. Wir müssen lernen, solche Probleme sofort zu erkennen, wenn sie sich zeigen. Das Reden mit anderen zuverlässigen Menschen hat unter anderem den Vorteil, daß es uns hilft, unsere Probleme aufzudecken und sie zu klären.

Weitere Probleme

Unter den verbleibenden Kernproblemen der Heilung habe ich das des schwach ausgeprägten Selbstwertgefühls und der Scham bereits im 6. Kapitel besprochen. Die Probleme eines wirklichen Seins, der Trauer und der Lösung von Konflikten ziehen sich durch das ganze Buch.

Wie Kernprobleme ausgelöst werden

Zahlreiche Situationen können unsere Kernprobleme auslösen und aktivieren, so daß sie sich dann offen in unserem Leben zeigen können. Eine dieser Situationen ist die *Intimbeziehung* – eine Beziehung, in der einer, zwei oder mehrere

Menschen den Mut haben, in Gegenwart des anderen ihr wahres Selbst zu zeigen. In einer Intimbeziehung lassen wir den anderen an Teilen unseres Selbst teilhaben, die wir vor den meisten anderen Menschen verbergen. Eine derartige Öffnung wirft zugleich Probleme auf, die mit Vertrauen, Gefühlen und Verantwortung zusammenhängen. Auch wenn sich uns während der Zeit der Heilung viele Gelegenheiten bieten, Intimbeziehungen einzugehen, kann vor allem die Beziehung zu unserem Berater, Therapeuten, Mitgliedern der Therapiegruppe oder zu unserem »Sponsor«, wie es in den AA-Gruppen heißt, viele Probleme auslösen und tut das auch häufig. Wenn wir damit in konstruktiver Weise umgehen, können wir in einem hohen Maße unser wahres Selbst realisieren. Dazu müssen wir uns hingeben, Vertrauen haben, etwas riskieren und uns einbringen. Und vor all dem haben wir wahrscheinlich Angst.

Weitere Situationen, die solche Probleme auslösen oder begünstigen können, sind *Lebensveränderungen, Leistungsanforderungen* im Beruf, zu Hause oder beim Spiel und vor allem, *Besuche bei den Eltern*. Wenn Gefühle, Frustrationen und Probleme erst einmal an die Oberfläche gekommen sind, können wir damit beginnen, uns von ihnen zu befreien, vorausgesetzt, wir leben in der Wirklichkeit und vertrauen uns mit unserem wahren Selbst anderen zuverlässigen Menschen an, bei denen wir uns sicher fühlen.

10

Identifizieren und Erleben der Gefühle

Für den Heilungsprozeß des Kindes in uns ist es entscheidend, daß wir unsere Gefühle wahrnehmen und konstruktiv mit ihnen umgehen können.

Menschen, die in gestörten oder dysfunktionalen Familien groß geworden sind, können gewöhnlich nicht dafür sorgen, daß ihre Bedürfnisse befriedigt werden. Und wenn die Bedürfnisse eines Menschen nicht befriedigt werden, leidet er. Wir *spüren* das Gefühl des Schmerzes. Da die Eltern und die anderen Mitglieder einer solchen Familie nicht in der Lage sind, uns zuzuhören, uns zu unterstützen, für uns zu sorgen, uns zu akzeptieren und zu respektieren, haben wir oft niemanden, mit dem wir über unsere Gefühle reden könnten. Der seelische Schmerz tut uns so weh, daß wir gegen ihn angehen und dabei die verschiedenen ungesunden Abwehrmechanismen einsetzen, wie sie im 8. Kapitel beschrieben wurden. Auf diese Weise blockieren wir die Gefühle und verdrängen sie aus unserem Bewußtsein. Das hilft uns zu überleben, auch wenn wir einen hohen Preis dafür zahlen müssen. Wir verlieren den Kontakt zu uns selbst, und ein falsches, co-abhängiges Selbst entsteht.

Wenn wir so unser wahres Selbst verleugnen, blockieren wir unsere geistig-seelische und spirituelle Entwicklung. Wir fühlen uns nicht nur gehemmt und innerlich tot, sondern oft auch verwirrt und frustriert. Wir fühlen uns als Opfer. Wir sind uns unseres ganzen Selbst *nicht mehr bewußt* und haben das Gefühl, daß andere, das »System« und die Welt »uns das antun«, d.h., daß wir die Opfer und allen anderen ausgeliefert sind.

Eine Möglichkeit, diese Opferhaltung abzulegen und die damit verbundenen Leiden zu beenden, liegt in der Identifikation und im Erleben unserer Gefühle. Diese Identifikation und das Erleben können wir fördern, indem wir mit zuverlässigen Menschen, die uns unterstützen, darüber reden.

Bill war 36 Jahre alt, hatte Erfolg im Beruf, aber nicht die Intimbeziehung, die er sich wünschte. In der Gruppentherapie sagte er eines Tages: »Ich habe bisher meine Gefühle gehaßt und fand es schlimm, wenn ich hier immer wieder aufgefordert wurde, über sie zu reden. Nach zwei Jahren in dieser Gruppe wird mir jetzt klar, wie wichtig meine Gefühle sind. Ich fange an, sie langsam sogar zu *genießen*, obwohl manche sehr weh tun. Ich fühle mich jetzt bedeutend lebendiger, wenn ich meine Gefühle erlebe.«

Wir müssen nicht alles über unsere Gefühle wissen. Wir müssen uns nur klar darüber werden, daß sie wichtig sind, daß wir alle sie haben und daß es gesund ist, sie zu erkennen und über sie reden zu können. Unsere Gefühle können unsere Freunde sein. Wenn wir richtig mit ihnen umgehen, werden sie uns nicht betrügen; wir werden weder die Kontrolle über sie verlieren noch von ihnen überwältigt oder verschlungen werden – auch wenn wir Angst davor haben.

Unsere Gefühle sind die Art, wie wir uns selbst sehen. Sie stellen unsere Reaktion auf die Welt dar, in der wir leben, sie sind die Art, wie wir unsere Lebendigkeit empfinden. Ohne ein Bewußtsein für unsere Gefühle können wir auch das Leben nicht bewußt erleben. Sie fassen unsere Erfahrungen zusammen und sagen uns, ob sie sich gut oder schlecht »anfühlen«. Gefühle sind das hilfreichste Bindeglied in unserer Beziehung zu uns selbst, zu anderen Menschen und zu der Welt, in der wir leben.

Das Spektrum der Gefühle

Wir kennen zwei Grundgefühle: Lust und Unlust. Lust vermittelt uns ein Gefühl der Kraft, der Vollständigkeit und des Wohlbefindens. Unlust stört unser Wohlbefinden, zehrt an unserer Kraft und führt dazu, daß wir uns erschöpft, leer und

Identifizieren und Erleben der Gefühle

allein fühlen. Aber obwohl solche Gefühle schmerzhaft sein können, sagen sie uns etwas, stellen sie eine Botschaft dar, die an uns selbst gerichtet ist und uns mitteilt, daß womöglich etwas Wichtiges geschieht, etwas, das wir aufmerksam verfolgen sollten.

Wenn wir uns unsere Gefühle bewußtmachen und ihr natürliches Fließen von Minute zu Minute und von Tag zu Tag erleben, kann uns das auf vielerlei Weise nützlich sein. Unsere Gefühle warnen uns, oder sie vermitteln uns Zuversicht. Sie haben die Funktion von Signalen, die uns in jedem Augenblick und auf einen gewissen Zeitraum bezogen sagen können, wie es uns geht. Sie vermitteln uns das Gefühl, die Situation meistern zu können und lebendig zu sein.

Unser wahres Selbst erlebt sowohl Lust als auch Unlust. Und es drückt diese Gefühle anderen, zuverlässigen Menschen gegenüber aus und läßt sie an ihnen teilhaben. Unser falsches oder co-abhängiges Selbst neigt dagegen dazu, uns zu zwingen, nur Unlustgefühle zu erleben und sie zurückzuhalten und anderen nicht mitzuteilen.

Aus Gründen der Vereinfachung können wir diese Lust- und Unlustgefühle einem Spektrum zuordnen, wobei wir mit dem intensivsten Lustgefühl beginnen und mit dem stärksten Unlustgefühl, der Verwirrtheit und seelischen Taubheit, enden.

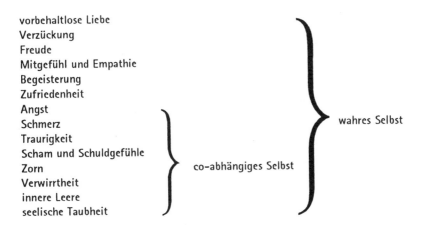

Wenn wir unsere Gefühle in dieser Weise betrachten, können wir erkennen, daß unser wahres Selbst, das Kind in uns, über mehr Möglichkeiten verfügt, als wir geglaubt haben. Die Fürsorge für das Kind in uns und dessen Entwicklung hängen mit dem zusammen, was die Psychotherapeuten ein »starkes Ich« nennen, d.h. ein flexibles und schöpferisches Ich, das »die Nackenschläge des Lebens abfangen kann«. Das co-abhängige Selbst ist dagegen begrenzter und reagiert zumeist nur auf schmerzhafte Gefühle – oder auf die Abwesenheit von Gefühlen, d.h. auf die Taubheit. Unser co-abhängiges Selbst ist meist mit einem »schwachen Ich« verbunden, d.h. mit einem weniger flexiblen, egoistischen (negativen oder egozentrischen) und starren Ich. Um Schmerzen und Leiden zuzudecken, bedienen wir uns verhältnismäßig ungesunder Abwehrmechanismen, die unsere Möglichkeiten im Leben einschränken.

Bewußtseinsebenen im Hinblick auf Gefühle

Um überleben zu können, verfügt ein Mensch, der in einer gestörten Umgebung groß geworden ist oder zur Zeit in ihr lebt, nur über die begrenzte Gefühlspalette des co-abhängigen Selbst. Wenn wir anfangen, unsere Gefühle zu analysieren und sie uns bewußtzumachen, entdecken wir in dieser Hinsicht verschiedene Bewußtseinsebenen.

Sich den Gefühlen gegenüber verschließen

Wenn wir gar keine Gefühle erleben, ist unsere Fähigkeit blockiert, sie zu nutzen (Tabelle 8). In diesem Stadium ist es nicht nur so, daß wir das Gefühl *nicht kennen*, sondern wir sind auch unfähig, etwas über den Zustand unseres wahren Selbst zu sagen. Auch wenn wir oberflächlich reden oder sogar Tatsachen berichten, sind unsere zwischenmenschliche Kommunikation und unsere Fähigkeit, zu erleben und uns weiterzuentwickeln, sehr begrenzt. Wir wollen dieses Stadium unserer Entwicklung und unserer Mitteilungsfähigkeit die erste Ebene nennen.

Identifizieren und Erleben der Gefühle 113

Beginn der Erforschung und Analyse

Auf der zweiten Ebene können wir unsere Gefühle *analysieren*. Es kann sein, daß wir zunächst noch etwas vorsichtig sind, wenn wir mit anderen über unsere neuentdeckten Gefühle reden. Wahrscheinlich bieten wir sie den anderen im Gespräch zunächst als Ideen und Meinungen an und nicht gleich als unsere tatsächlichen Gefühle. Auch auf dieser Ebene sind unsere zwischenmenschlichen Beziehungen und unsere Fähigkeit, zu erleben und uns weiterzuentwickeln, noch ziemlich begrenzt, obwohl sie hier im allgemeinen schon besser sind als auf der ersten Ebene.

Auch wenn die meisten Menschen Gefühle *haben* und sie oft auch gern zum Ausdruck bringen würden, tun viele es nicht und verbringen ihr Leben auf einer niedrigen Bewußtseinsebene. Ihre Mitteilungsfähigkeit im Hinblick auf ihre Gefühle beschränkt sich auf die erste und zweite Ebene. Eine solche eingeschränkte Nutzung der Gefühle ist etwas, an das das co-abhängige Selbst sich gewöhnt hat.

Analysieren und Erleben

Wenn wir anfangen, unser wahres Selbst kennenzulernen, erleben wir mit der Zeit auch unsere Gefühle auf einer tieferen Ebene, sozusagen »mit dem Bauch«, und analysieren sie. Jetzt sind wir so weit, daß wir in dem Augenblick, in dem die Gefühle auftauchen, anderen sagen können, wie wir uns wirklich fühlen. Wenn wir das tun, nehmen wir Kontakt mit anderen Menschen auf, die uns viel bedeuten. Das hat zur Folge, daß wir unser Leben intensiver genießen können, und das fördert unsere geistig-seelische und spirituelle Entwicklung. Wenn wir diese dritte Ebene erreicht haben, können wir die *Intimität* mit einem anderen Menschen besser erleben.

Das Mitteilen unserer Gefühle

Wenn wir mit anderen Menschen über unsere Gefühle reden, so kann das ein zweischneidiges Schwert sein. Es ist durchaus möglich, daß wir uns jemandem mitteilen, der uns gar nicht zuhören will. Es kann sein, daß dieser Mensch selbst noch auf der ersten oder zweiten Ebene lebt und deshalb nicht in der Lage ist zuzuhören. Oder der Betroffene erweckt nur den Anschein, als höre er zu, während er in Wirklichkeit mit seinen eigenen Problemen beschäftigt ist, die völlig anders sind als unsere. Oder das Ganze könnte noch schmerzhaftere Folgen haben: Wir teilen uns womöglich einem Menschen mit, der unzuverlässig ist, uns nicht helfen will, sondern uns zurückweist, weil wir uns ihm anvertraut haben. Es kann sogar passieren, daß er uns anschließend verrät. In Tabelle 8 sind die Schwierigkeiten, die mit dem Mitteilen von Gefühlen verbunden sind, dargestellt.

Ken, ein 34jähriger erfolgreicher Vertreter, war in einer Familie groß geworden, in der sein Vater und sein Bruder Alkoholiker und die Mutter eine Co-Alkoholikerin waren. Der Therapiegruppe berichtet er, daß er vor kurzem seinen Bruder nur unter der Bedingung zu einem Geburtstag in sein Haus eingeladen habe, daß er keinen Alkohol oder sonstige Drogen zu sich nähme. Als er gefragt wurde, was das für ein Gefühl gewesen sei, damit rechnen zu müssen, daß sein Bruder ihm das ganze Fest verderben würde, da so etwas in der Vergangenheit regelmäßig passiert war, sagte er, er fühle sich »gut« bei dem Gedanken. Mitglieder der Gruppe fragten ihn dann, wie er sich *wirklich* dabei fühle und er wiederholte noch einmal: »Gut. Aber ich habe euch das heute erzählt, um von euch Feedback zu bekommen.« Die Gruppe ließ nicht locker und fragte ihn immer wieder, wie er sich denn *tatsächlich* fühle. Nach und nach wurde ihm klar, daß er Gefühle wie Angst, Zorn, Frustration und Verwirrtheit blockierte und verdrängte, und er teilte das der Gruppe mit.

Ken machte sich die Tatsache, daß er Mitglied einer Therapiegruppe war, zunutze, bat sie um Feedback und benützte sie wie einen Spiegel. Er war zu der Zeit drei Monate in der Gruppe und faßte langsam Vertrauen zu den Mitglie-

Tabelle 8. Bewußtseinsebenen und die Kommunikation von Gefühlen (nach Dreitlein 1984)

Gefühlsebene	Kommunikation	Selbstenthüllung	Zwischenmenschliche Interaktionen und Fähigkeit zur Weiterentwicklung	Menschen, mit denen wir über unsere Gefühle reden können	
				negativ	positiv
1. verschlossen	oberflächliche Konversation, Weitergabe von Informationen	keine oder nur offensichtliche Tatsachen	keine	bestimmte Leute	die meisten Menschen
2. Beginn der Erforschung und Analyse	Äußerungen von Ideen und Meinungen, um anderen zu gefallen	vorsichtig, zurückhaltend	wenig	Leute, die nicht zuhören	Leute die zuhören
3. Analysieren und Ausdrücken	echtes Gespräch, »aus dem Bauch«	Bereitschaft, Offenheit	viel	Leute, die uns verraten und zurückweisen	zuverlässige Leute, die uns unterstützen
4. offenes Ausdrücken und Beobachten	optimale Kommunikation	vollständig, wenn dem Leben dienlich	sehr viel	Leute, die uns verraten und zurückweisen	zuverlässige Leute, die uns unterstützen

dern, er hielt sie für zuverlässig und glaubte ihnen, daß sie ihm helfen wollten. In der Gruppe konnte er über seine Sorgen und seine Verwirrtheit reden. Er ließ sich bei der Suche nach einem wesentlichen Teil seines wahren Selbst helfen.

Wenn wir anderen unsere Gefühle mitteilen, sollten wir vor allem Wert darauf legen, daß die Zuhörer zuverlässige Menschen sind, die uns helfen wollen. Zu Beginn des Heilungsprozesses kann das Mitteilungsbedürfnis bei Leuten, die in gestörten oder dysfunktionalen Familien groß geworden sind, so stark sein, daß sie zurückgewiesen, verraten werden oder in andere Schwierigkeiten geraten, weil sie wahllos anderen Menschen ihre Gefühle mitteilen. Es fällt ihnen mitunter schwer zu begreifen, daß es nicht *ratsam ist, wahllos jedem seine Gefühle zu offenbaren.*

Aber wie können wir wissen, wer zuverlässig ist und wer nicht? Eine Möglichkeit ist die »Share-check-share« (Mitteilen-Prüfen-Mitteilen)-Methode (Gravitz, Bowden 1985). Wenn wir das Gefühl haben, uns mitteilen zu wollen, aber nicht entscheiden können, wer zuverlässig ist und wer nicht, sollten wir zunächst bestimmten Leuten nur einen kleinen Teil unserer Gefühle offenbaren. Dann prüfen wir ihre Reaktion. Wenn klar zu erkennen ist, daß sie nicht zuhören, oder wenn sie versuchen, uns zu kritisieren, oder uns sofort einen Rat geben wollen, verlieren wir wahrscheinlich die Lust, ihnen noch mehr über unsere Gefühle zu erzählen. Wenn sie versuchen, unsere Gefühle abzuwerten, oder wenn sie uns zurückweisen und vor allem, wenn sie uns hintergehen und hinter unserem Rücken über uns reden und unser Vertrauen mißbrauchen, dann handelt es sich mit Sicherheit nicht um zuverlässige Menschen, denen man sich weiter mitteilen sollte. Wenn sie jedoch *zuhören*, uns helfen wollen und keine der erwähnten negativen Reaktionen zeigen, dann können wir uns ihnen getrost weiterhin anvertrauen. Auch wenn Menschen *Blickkontakt* mit uns aufnehmen, wenn sie *Mitgefühl* haben, uns *nicht bedrängen* und nicht unsere *Gefühle verändern* wollen, kann man davon ausgehen, daß es sich um geeignete und zuverlässige Leute handelt. Über einen längeren Zeitraum hinweg wird ein zuverlässiger Mensch mit *gleichbleibender Aufmerksamkeit* zuhören, uns helfen und uns weder *hintergehen* noch *zurückweisen*.

Am besten kann man diese Methode des Mitteilens-Prüfens-Mitteilens in einer Therapiegruppe, Selbsthilfegruppe, mit einem Berater, einem Therapeuten, einem Sponsor, einem guten Freund oder einem Menschen, den man liebt, lernen.

Spontaneität und Aufmerksamkeit

Wenn es uns besser geht und wir in der Lage sind, unserem wahren Selbst und anderen zu vertrauen, können wir damit beginnen, unsere Gefühle selektiv, aber in einer umfassenderen Weise zu offenbaren. Während diese Art des Sichmitteilens andauert und reifer wird, können wir selbst unsere Gefühle immer besser *beobachten* (vierte Ebene). Dabei entdecken wir ein kraftschöpfendes und heilendes Prinzip: *Wir sind nicht unsere Gefühle.* Unsere Gefühle sind zwar hilfreich, ja sogar von entscheidender Bedeutung für unsere Lebendigkeit und unsere Fähigkeit, uns selbst und andere Menschen erkennen und genießen zu können, aber wir können sie gleichzeitig auch einfach nur beobachten. Dabei haben wir ein harmonisches Verhältnis zu unseren Gefühlen. Sie können uns weder überwältigen, noch haben sie Macht über uns. Wir sind ihnen nicht hilflos ausgeliefert. Dies ist eine höhere Ebene, auf der wir unsere Gefühle erleben.

Die Transformation unserer Gefühle

Jedem Gefühl steht ein entgegengesetztes gegenüber (Tabelle 9). Wenn wir uns unsere schmerzhaften oder negativen Gefühle bewußtmachen, sie erleben und uns dann wieder von ihnen distanzieren, können wir sie in positive Gefühle verwandeln. Dann können wir erleben, wie wohltuend es ist, wenn aus Schmerz Freude, wenn aus dem Fluch ein Geschenk wird.

Unsere Gefühle arbeiten mit unserem Willen und unserem Intellekt Hand in Hand und helfen uns, unser Leben zu bestehen und uns weiterzuentwickeln.

Wenn wir sie verleugnen, verzerren, unterdrücken oder verdrängen, blockieren wir nur den Fluß, der zu ihrer natürlichen Vollendung führt. *Blockierte Gefühle können uns Kummer bereiten und Krankheiten auslösen.* Wenn wir dagegen unsere Gefühle bewußt erleben, uns mitteilen, sie akzeptieren und dann freisetzen, werden wir gesünder sein und die Gelassenheit und den inneren Frieden finden können, die unser natürliches Lebensgefühl ausmachen.

Wir müssen uns Zeit für unsere Gefühle nehmen, das ist für unsere Entwicklung und für unser Glück von großer Bedeutung. Der Ausweg aus einem schmerzhaften Gefühl führt direkt durch dieses Gefühl hindurch.

Unsere Gefühle sind ein lebenswichtiger Teil der entscheidenden Dynamik unserer Entwicklung, unserer Trauer. Wenn wir etwas verloren haben, das uns sehr viel bedeutet hat, müssen wir *trauern*, um daran wachsen zu können.

Tabelle 9. Einige Gefühle und ihr Gegenteil

schmerzhaft	lustvoll
Angst	Hoffnung
Zorn	Zuneigung
Trauer	Freude
Haß	Liebe
Einsamkeit	Gemeinschaft
Schmerz	Wohlbefinden
Langeweile	Engagement
Frustration	Zufriedenheit
Minderwertigkeit	Ebenbürtigkeit
Mißtrauen	Vertrauen
Ekel	Attraktion
Schüchternheit	Neugier
Verwirrtheit	Klarheit
Zurückweisung	Unterstützung
Unausgefülltheit	Befriedigung
Schwäche	Stärke
Schuldgefühle	Unschuld
Scham	Stolz
innere Leere	Erfüllung

11

Der Prozeß des Trauerns

Ein Trauma ist ein *Verlust*, entweder ein tatsächlicher oder ein drohender. Wir erleben einen Verlust, wenn man uns etwas nimmt, das uns gehörte und das uns viel bedeutete, etwas, das wir brauchten, uns wünschten oder erwarteten. Kleinere Verluste oder Traumata kommen so häufig vor und sind so subtil, daß wir sie oft nicht einmal bemerken. Trotzdem erzeugen alle diese Verluste Schmerzen oder Gefühle des Unglücks: Wir nennen diese Gefühle Trauer oder sprechen von einem *Trauerprozeß*. Wenn wir solche schmerzhaften Gefühle zulassen und wenn wir mit zuverlässigen Leuten, die bereit sind, uns zu helfen, darüber *reden*, können wir unsere Trauerarbeit *vollenden* und sind dann wieder frei.

Die Vollendung der Trauerarbeit kostet Zeit. Je größer der Verlust, um so länger dauert sie in der Regel. Bei einem kleineren Verlust ist unsere Trauerarbeit womöglich schon nach ein paar Stunden, Tagen oder Wochen beendet. Bei einem mittleren Verlust kann es unter Umständen Monate, ein Jahr oder noch länger dauern. Und bei einem großen Verlust kann die Trauerarbeit gewöhnlich erst nach zwei bis vier Jahren zu einem gesunden Abschluß gebracht werden.

Die Gefahren unverarbeiteter Trauer

Unverarbeitete Trauer ist wie eine tiefe, schwärende Wunde, die von Narbengewebe bedeckt ist, sie bleibt ein Herd, der jeder Zeit aufs neue ausbrechen kann. Wenn wir einen Verlust oder ein Trauma erleiden, wird in uns Energie geweckt, die sich entladen will. Wenn wir diese Energie nicht freisetzen, baut sich Streß auf, der zu chronischem Kummer führt. Kritsberg (1986) spricht in diesem Zusammenhang von einem chronischen Schock. Wenn ein derartiger chronischer Kummer nicht abgebaut werden kann, staut er sich in Form von Verspannungen und Unwohlsein auf, was zu Anfang schwer zu erkennen sein kann. Wir spüren oder erleben das an einer Vielzahl von Symptomen: chronische Angst, Spannungen, Furcht oder Nervosität, Zorn oder Groll, Traurigkeit, innere Leere, Unerfülltheit, Verwirrtheit, Schuldgefühle, Scham oder, was häufig bei Menschen vorkommt, die in einer gestörten oder dysfunktionalen Familie aufgewachsen sind, das Gefühl der Taubheit oder »Gefühllosigkeit«. Diese Gefühle können innerhalb ein und derselben Person kommen und gehen. Es kann darüber hinaus zu Schlafstörungen, Schmerzen und anderen somatischen Symptomen oder zu ausgewachsenen geistig-seelischen und körperlichen Erkrankungen kommen. Kurz gesagt, wir zahlen einen hohen Preis, wenn wir unsere Trauerarbeit nicht vollständig und auf eine unserer Gesundheit dienende Weise ableisten.

Wenn wir in unserer Kindheit einen Verlust erlitten haben, den wir nicht betrauern durften, entwickeln wir unter Umständen mehrere der obengenannten Störungen, an denen wir dann noch als Erwachsene leiden. Außerdem entsteht in uns möglicherweise eine Tendenz zu destruktivem Verhalten, das sich auf die eigene Person oder auf andere Menschen richten kann. Durch solche Verhaltensweisen können wir uns selbst und andere unglücklich machen, uns in Schwierigkeiten bringen und eine Krise nach der anderen auslösen. Wenn ein solches zerstörerisches Verhalten wiederholt auftritt, spricht man vom »Wiederholungszwang«. Es ist so, als hätten wir einen unbewußten Trieb oder Zwang, eine oder mehrere dieser Verhaltensweisen ständig zu wiederholen, obwohl wir damit in der Regel gegen unsere eigenen Interessen verstoßen.

Der Prozeß des Trauerns

Kinder, die in einer gestörten oder dysfunktionalen Familie groß geworden sind, erleiden zahlreiche Verluste, die sie oft nicht vollständig betrauern können. Die vielen negativen Botschaften, die sie empfangen, wenn sie versuchen, zu trauern, führen zu einer massiven Blockierung: Darüber *redet* man *nicht*, und die damit verbundenen *Gefühle verdrängt* man (siehe auch Tabelle 6 im 6. Kapitel). Wenn ein Mensch als Kind oder Jugendlicher mit solchen Regeln und Verhaltensmustern groß wird, kann er auch noch als Erwachsener Schwierigkeiten haben, sie zu verändern. Wenn wir jedoch das Kind in uns heilen, indem wir unser wahres Selbst entdecken, pflegen und es schließlich leben, können wir solche wenig sinnvollen Verhaltensweisen und Ereignisse verändern. Dann befreien wir uns von den Fesseln unserer immer wieder auftretenden Verwirrtheit und unserer Leiden. Zuerst müssen wir jedoch unsere Verluste oder Traumata *identifizieren*, um sie dann noch einmal zu *durchleben*, unsere Trauerarbeit zu leisten und abzuschließen, statt ständig auszuweichen, wie wir es bis zu diesem Zeitpunkt getan haben.

Beginn der Trauerarbeit

Wir können unsere Trauerarbeit auf verschiedene Weise beginnen. Wir können:

1. unsere Verluste identifizieren
2. unsere Bedürfnisse identifizieren (Tabelle 2)
3. unsere Gefühle identifizieren und mit anderen darüber reden (10. Kapitel)
4. unsere Kernprobleme bearbeiten (9. Kapitel)
5. ein Therapieprogramm durcharbeiten

Die Identifikation unserer Verluste

Das Identifizieren eines Verlustes kann schwierig sein, vor allem dann, wenn wir diesen Verlust »weggesteckt«, unterdrückt oder verdrängt haben. Wenn der

Verlust schon lange zurückliegt, kann die Identifizierung noch größere Schwierigkeiten bereiten. Auch wenn es uns hilft, über unsere Leiden und unsere Sorgen zu reden, reichen bloßes Reden oder eine Gesprächstherapie womöglich nicht aus, um Gefühle zu aktivieren oder Trauerarbeit zu leisten.

Das ist der Grund, warum eine *empirisch orientierte* Therapie oder Methode sich so gut zur Aktivierung und Förderung der Trauerarbeit eignet. Empirisch orientierte Therapieformen wie die Gruppentherapie, bei der man es wagt, die wirklichen Sorgen anzusprechen, oder die Methode der »Familienskulptur« bieten uns eine Gelegenheit, spontan zu sein und an unbewußte Prozesse heranzukommen, die uns normalerweise verborgen bleiben. Nur etwa 12 Prozent unseres Lebens und unseres Wissens sind uns *bewußt*, 88 Prozent bleiben *unbewußt*. Die empirisch orientierten Methoden helfen uns nicht nur bei der Identifizierung, sondern auch bei der eigentlichen Trauerarbeit.

Im folgenden möchte ich Ihnen einige Beispiele empirisch orientierter Methoden nennen, mit deren Hilfe man durch die Verarbeitung bisher nicht betrauerter Verluste oder Traumata das innere Kind heilen kann.

1. Sich zuverlässigen, hilfreichen Menschen anvertrauen und ihnen unsere Gefühle offenbaren
2. Geschichten erzählen (wir erzählen unsere eigene Geschichte und wagen es, uns dabei ganz zu offenbaren)
3. Verarbeiten der Übertragung (das, was wir auf andere projizieren oder »übertragen« und umgekehrt)
4. Psychodrama, Rekonstruktion, Gestalttherapie, Familienskulptur
5. Hypnose und verwandte Methoden
6. Teilnahme an Selbsthilfegruppen
7. Durcharbeiten der 12-Schritte-Therapie (Al-Anon, AA, NA, OA usw.)
8. Gruppentherapie (in der Regel ein sicherer Ort, an dem einem geholfen wird, und wo man zahlreiche empirisch orientierte Methoden anwenden kann.)
9. Paartherapie oder Familientherapie

Der Prozeß des Trauerns

10. Gelenkte Imagination
11. Atemtechniken
12. Affirmationen
13. Traumdeutung
14. Mal-, Bewegungs- und Spieltherapie
15. Aktive Phantasie und Intuition
16. Meditation und Gebet
17. Körpertherapie
18. Tagebuchführen

Diese empirisch orientierten Methoden sollten im Rahmen eines vollständigen Therapieprogramms angewendet werden, im Idealfall unter der Leitung eines Therapeuten oder Beraters, der die Prinzipien der Heilung des inneren Kindes kennt.

Als weitere Hilfe bei der Identifizierung vor allem unserer noch nicht betrauerten Verluste habe ich eine Liste möglicher Verluste zusammengestellt (Tabelle 10). Sie kann durch Zuhilfenahme von Tabelle 5 (S. 63) ergänzt werden, die Beschreibungen der verschiedenen Verluste oder Traumata, denen wir als Kinder oder Erwachsene ausgesetzt sein können, enthält.

Ein Verlust kann plötzlich oder allmählich eintreten, und er kann sich über einen längeren Zeitraum erstrecken. Er kann nur einen Teil betreffen, total sein, unbestimmt oder ohne Ende sein. Er kann einzeln, mehrfach und kumulativ auftreten. Auch wenn er immer persönlich ist, kann er trotzdem eine symbolische Bedeutung haben.

Da der Verlust ein so universelles Erlebnis darstellt, mit dem wir tagtäglich konfrontiert werden, passiert es häufig, daß wir ihn übersehen. Trotzdem bedroht jeder Verlust unser Selbstwertgefühl. Jedesmal, wenn wir einen Verlust erleben, erleidet unser Selbstwertgefühl einen Schlag (Simos 1979).

Obwohl ein Verlust in den meisten Fällen ein in sich geschlossenes Ereignis ist, spült die daraus resultierende Trauer nicht verarbeitete Verluste an die Oberfläche, die im Unbewußten gespeichert waren. Ein nicht betrauerter Verlust

Tabelle 10. Beispiele für Verlusterlebnisse (nach Simos 1979)

Wichtige Personen, enge oder bedeutsame Beziehungen
Trennung, Scheidung, Zurückweisung, Verlassenwerden, Tod, Abtreibung, Fehlgeburt, Krankheit, Ortsveränderung, Fortgang der Kinder usw.

Teile der eigenen Person
Veränderungen im Körperbild, Krankheit, Unfall, Funktionsverlust, Verlust der Kontrolle, des Selbstwertgefühls, der Unabhängigkeit, Ichverlust, Verlust von Erwartungen, Änderungen des Lebensstils, der Bedürfnisse, des Berufs usw., Kulturschock

Kindheit
fehlende elterliche Fürsorge, Bedürfnisse werden nicht befriedigt, fehlende Entwicklungsmöglichkeiten (in allen Phasen), Verlust vorübergehend wichtiger Objekte (Kuscheldecke, Spielzeug usw.) Geburt oder Tod eines Geschwisters oder Tod eines anderen Familienmitglieds, körperliche Veränderungen (zum Beispiel in der Pubertät, in den mittleren Jahren und im Alter); drohender Verlust, Trennung oder Scheidung der Eltern

Erwachsenenalter
Übergänge einschließlich der Midlife-Krise

Äußere Objekte
Verlust von Geld, Eigentum, notwendiger Dinge (Schlüssel, Brieftasche usw.), Objekten, die mit Gefühlen verbunden sind, Sammlungen.

bleibt für alle Zeiten in uns lebendig, denn das Unbewußte kennt kein Zeitgefühl. Deshalb rufen vergangene Verluste oder selbst die bloße Erinnerung an einen Verlust genauso große Angst vor einem drohenden Verlust hervor wie ein gerade erlittener Verlust. Zusammengefaßt:

> Verluste aus der Vergangenheit und Trennungen
>> haben Auswirkungen auf
>>> gegenwärtige Verluste, Trennungen und Bindungen.

Und alle diese Faktoren wirken sich aus
> auf die Angst vor zukünftigen Verlusten und
> auf unsere Fähigkeit zu zukünftigen Bindungen.

Die Identifikation eines nicht betrauerten Verlustes ist
> der Anfang der Befreiung
>> aus seiner oft schmerzhaften Umklammerung.

Da ein Verlust im Verlauf des Heilungsprozesses vom Alkoholismus, Co-Alkoholismus oder von der Co-Abhängigkeit ein so überwältigendes Erlebnis sein kann, habe ich zehn Verluste aufgeführt und die jeweilige Intensität, mit der sie auftreten können, als weitere Beispiele für Betroffene, um ihre unverarbeiteten Verluste identifizieren zu können (Tabelle 11).

Stadien der Trauer

Akute Trauer läuft gewöhnlich immer auf die gleiche Weise ab. Sie fängt mit einem Schock, mit Angst und Zorn an, dann kommen Schmerz und Verzweiflung und schließlich eine positive oder negative Einstellung, abhängig von den Umständen, die den Verlust begleiten, und von den Trauermöglichkeiten, die der Betroffene hat.

Tabelle 11. Verlusterlebnisse bei Alkoholismus, Drogenabhängigkeit, Co-Abhängigkeit und bei erwachsenen Kindern von Alkoholikern und aus anderen gestörten oder dysfunktionalen Familien und die geschätzte Intensität ihrer Wirkung auf das Bedürfnis, sie zu betrauern

Geschätzte Intensität der Auswirkungen eines Verlustes bei:

Verlust	Alkoholismus/ Drogenabhängig- keit	Co-Abhängigkeit	Erwachsenes Kind
1. Erwartungen, Hoffnungen, Überzeugungen	++	++	++
2. Selbstwertgefühl			
3. Teile des Selbst (außer Selbstwertgefühl)	++	+-++	+-++
4. Lebensstil	+	+	+
5. Plötzliche Veränderung des Bewußtseins und/ oder Schmerzlinderung (durch Alkohol-, Drogen- oder Adrenalin-High)	++ +++	++ ++	++ ++
6. Alte, nicht ausprobierte Beziehungen			
7. Alte, nicht abgeschlossene Entwicklungsstadien	++	+++	+++
8. Alte, nicht betrauerte Verluste und Traumata			
9. Veränderungen der gegenwärtigen Beziehungen	++	++	+-++
10. Drohende Verluste			

Grad der Intensität: + = gering, ++ = mäßig, +++ = groß
(geschätzter Grad der Intensität der Auswirkungen eines Verlustes bei den einzelnen Störungen)

Um die einzelnen Stadien genauer beschreiben zu können, muß man sie in ihre Komponenten zerlegen.

1. Stadium: Schock, Schreck und Verleugnung.

2. Stadium: akute Trauer, die folgende Komponenten enthält:

> Zunächst ständige, dann hin und wieder auftretende und schließlich abnehmende Tendenz zur Verleugnung. Körperliche und seelische Schmerzen, Kummer. Das Gefühl, hin- und hergerissen zu sein. Das analysierende Verhalten besteht aus folgenden Komponenten:
> Nachdenken über den Verlust, zwanghaftes Reden über den Verlust. Der Betroffene ist von dem Gedanken besessen, das Verlorene wiedererlangen zu müssen; er wartet darauf, daß etwas geschieht; ist ruhelos und wandert ziellos umher; hat das Gefühl, die Orientierung verloren zu haben, und weiß nicht, was er tun soll; ist unfähig, irgendwelche Tätigkeiten aufzunehmen, und hat das Gefühl, daß die Zeit stillsteht. Er hat das Gefühl, aus den Fugen geraten zu sein, und glaubt, daß das Leben nie wieder lebenswert sein wird. Er ist verwirrt und hat das Gefühl, daß das alles nicht wirklich geschehen ist; befürchtet, daß alle diese Symptome auf eine Geisteskrankheit schließen lassen.

- Weinen, Zorn, Schuldgefühle, Scham.
- Identifikation mit Eigenschaften, Wertvorstellungen, Symptomen, Vorlieben oder charakteristischen Merkmalen der verlorenen Person.
- Regression oder Rückgriff auf Verhaltensweisen und Gefühle einer früheren Altersstufe oder auf einen früheren Verlust oder die damit verbundenen Reaktionen.
- Hilflosigkeit und Depression, Hoffnung oder Hoffnungslosigkeit, Erleichterung. Nachlassen der Schmerzen und allmähliche Zunahme der Fähigkeit, mit dem Verlust fertig zu werden.

- Zwanghaftes Bemühen, in dem Verlust einen Sinn zu erkennen.
- Erste Gedanken an ein neues Leben ohne das verlorene Objekt.

3. *Stadium:* Integration des Verlustes und der Trauer.

Im günstigen Fall:

> Akzeptieren der Realität des Verlustes und Rückkehr zu körperlichem und seelischem Wohlbefinden, weniger häufiges und weniger intensives Weinen, wiedererstarktes Selbstwertgefühl, Konzentration auf Gegenwart und Zukunft, Fähigkeit, das Leben wieder zu genießen, positive Gefühle bei der Erkenntnis, daß diese Erfahrung die eigene Entwicklung gefördert hat, Wiederaufbau einer neuen Identität mit Ersatz für den Verlust. Der Betroffene denkt jetzt mit Wehmut und Liebe statt mit Schmerzen an den Verlust zurück.

Im ungünstigen Fall:

> Akzeptieren der Realität des Verlustes mit einem bleibenden Gefühl der Depression, das von körperlichen Schmerzen begleitet ist, Beeinträchtigung des Selbstwertgefühls, Wiederaufbau einer neuen Identität, die von einer Einengung der Persönlichkeit gekennzeichnet ist, Verletzlichkeit im Hinblick auf weitere Trennungen und Verluste.

Eine Analyse der einzelnen Komponenten dieser Stadien hilft uns, den Trauerprozeß besser zu verstehen. Die einzelnen Komponenten existieren allerdings nicht so getrennt voneinander und treten auch nicht immer in der beschriebenen Reihenfolge auf. Sie überschneiden sich und bewegen sich zwischen den verschiedenen Bereichen und in den verschiedenen Formen, die oben beschrieben wurden, hin und her.

Der Prozeß des Trauerns

Dana, eine 28jährige Frau, war in einer Alkoholikerfamilie aufgewachsen, in der Mißhandlungen an der Tagesordnung waren. Gegen Ende ihrer Teenagerjahre wurde sie selbst Alkoholikerin, hatte vor vier Jahren, also mit 24, aufgehört zu trinken und sich in eine Therapie für Alkoholiker begeben. Seit ungefähr zwei Jahren gehörte sie unserer Therapiegruppe für erwachsene Kinder von Alkoholikern und aus anderen gestörten Familien an und machte gute Fortschritte. Als sie sich von ihrem Freund getrennt hatte, erzählte sie der Gruppe: »Es tut mir entsetzlich weh. Das Gefühl der inneren Leere ist schrecklich. Vor zwei Wochen habe ich mich von meinem Freund getrennt. Diese Woche habe ich angefangen zu weinen und konnte nicht mehr aufhören. Mir ist klar, daß die Trennung von meinem Freund nicht der einzige Grund ist, warum ich mich so elend fühle. Es ist der Verlust des kleinen Mädchens in mir. Jeden Abend komme ich nach Hause und weine mich in den Schlaf.« An dieser Stelle fing sie an zu weinen und machte eine lange Pause. »Ich kann es einfach nicht fassen, daß mein kleines Mädchen so schlecht behandelt worden ist. Aber es ist die Wahrheit.«

Sie betrauerte einen Verlust – die Beziehung zu ihrem Freund – und löste dadurch ihre unverarbeitete Trauer um einen anderen Verlust aus, der sich auf die schlechte Behandlung und den Mißbrauch ihres inneren Kindes bezog. Das ist ein Beispiel dafür, daß das Trauern unter Umständen nicht immer so einfach ist, wie es zunächst den Anschein hat. Dana hatte den Verlust ihres inneren Kindes natürlich schon lange Zeit betrauert, wenn auch in einer unvollständigen Weise: Von ihrem Wiederholungszwang getrieben, war sie immer wieder mit Männern ausgegangen, von denen sie schlecht behandelt wurde. Sie hatte ihrem Sponsor bei den Anonymen Alkoholikern nicht vertraut und fast ein Jahr lang auch der Therapiegruppe mißtraut. Aber allmählich faßte sie Mut und erzählte nach und nach ihre wahre Geschichte. Inzwischen steht sie kurz vor ihrer Befreiung von den Fesseln ihres co-abhängigen Selbst und ihres Wiederholungszwangs und kann jetzt das Kind in sich heilen.

Bei der Verarbeitung der Schmerzen und bei der Trauerarbeit *erleben wir unsere Gefühle in der Form, in der sie entstehen,* wir versuchen nicht, sie zu verändern. Trauerarbeit ist daher *aktive* Arbeit. Sie stellt eine geistig-seelische

Tätigkeit dar, die anstrengend und mühsam ist (Simos 1979). Sie ist mit solchen Schmerzen verbunden, daß wir oft den Versuch machen, die Schmerzen, die mit ihr verbunden sind, zu vermeiden, indem wir:

- den Verlust hartnäckig leugnen
- ihn mit Hilfe von Intellektualisierungen zudecken
- unsere Gefühle verdrängen
- eine Macho-Position beziehen (ich bin stark, ich kann allein damit fertig werden)
- Zuflucht bei Alkohol oder anderen Drogen suchen
- über einen längeren Zeitraum hinweg versuchen, das verlorene Objekt zurückzubekommen

Auch wenn uns solche Methoden eine vorübergehende Linderung bringen können, verlängert das Verdrängen unserer Trauer nur die Schmerzen. Wir verbrauchen insgesamt genausoviel Energie, um die Trauer zu vermeiden, wie wir bei der Trauerarbeit aufbringen müssen. Wenn wir etwas erst einmal *fühlen* können, hat es nicht mehr soviel Macht über uns.

Bei der Heilung des Kindes in uns entdecken wir möglicherweise, daß wir es versäumt haben, Verluste oder seelische Verletzungen, die schon lange zurückliegen, zu betrauern. Wir haben aber während der ganzen Zeit wegen dieser Unfähigkeit zu trauern leiden müssen. Für manchen von uns ist vielleicht jetzt der richtige Zeitpunkt gekommen, mit der Trauerarbeit zu beginnen und sie zu einem Abschluß zu bringen.

Es gibt viele Möglichkeiten, wie man einem Menschen das Fühlen und das Erleben von Gefühlen im Augenblick ihres Entstehens erleichtern kann. Im Abschnitt »Die Identifikation unserer Verluste« habe ich weiter oben verschiedene empirische Methoden angegeben. Die ersten beiden stehen uns allen am ehesten zur Verfügung: Wir müssen den Mut haben, anderen zuverlässigen und hilfsbereiten Menschen unsere Geschichte zu erzählen.

12

Fortsetzung der Trauerarbeit: der Mut, anderen Menschen unsere Geschichte zu erzählen

Ein Wagnis eingehen

Wenn wir etwas wagen, offenbaren wir unser *Selbst*, das Kind in uns, unser wahres Selbst. Wir gehen ein Risiko ein und werden dadurch verwundbar. Das kann zu zwei entgegengesetzten Ergebnissen führen – man akzeptiert uns, oder man weist uns zurück. Ganz gleich, was wir im Hinblick auf unser Selbst riskieren, die anderen können uns akzeptieren oder ablehnen – oder sie zeigen eine Reaktion, die irgendwo dazwischen liegt.

Viele von uns sind womöglich in ihrem Leben schon einmal verletzt worden, als sie ein solches Wagnis eingegangen sind – in der Kindheit, in der Pubertät, im Erwachsenenalter oder in allen drei Altersstufen. Das hat zur Folge, daß wir es entweder nicht mehr wagen, uns anderen mitzuteilen, oder es nicht mehr können. Aber wir geraten dann in ein Dilemma: Wenn wir unsere Gefühle, Gedanken, Sorgen und unsere schöpferischen Ideen für uns behalten, unterdrücken wir das Kind in uns, und dann geht es uns schlecht, denn das tut uns weh. Die Energie, die wir zurückhalten, kann sich in einer Weise aufstauen, daß wir nur noch mit ihr fertig werden können, wenn wir uns wenigstens *einem* Menschen gegenüber öffnen. Das ist eine Zwangslage, in der sich viele von uns schon einmal befunden haben, die in einer gestörten Familie groß geworden sind. Und wegen der Vielzahl der Faktoren, die etwas mit unserer Suche nach

Zustimmung, Bestätigung, Spannung und Intimität zu tun haben, kann es passieren, daß wir uns jemanden aussuchen, der *nicht vertrauenswürdig* und hilfsbereit ist. Und es kann sein, daß uns die Person zurückweist oder in der einen oder anderen Weise verrät, so daß unsere ursprüngliche Abneigung gegen jedes Risiko bestätigt wird. Also verbergen wir alle diese Gefühle in unserem Inneren, und der Teufelskreis setzt sich fort. Wenn wir jedoch das Kind in uns heilen wollen, müssen wir uns anderen Menschen öffnen. Wo sollen wir also anfangen?

Statt alles in uns zu vergraben und es dann wahllos und impulsiv herauszulassen, sollten wir Schritt für Schritt vorgehen. Wir sollten uns einen Menschen aussuchen, der zuverlässig ist und der uns helfen will. Das kann ein guter Freund, ein Berater oder Therapeut, eine Therapiegruppe oder ein Sponsor sein. Zu Anfang sollten Sie nur ein kleines Risiko eingehen. Folgen Sie dabei der weiter oben beschriebenen »Share-check-share«-Methode S. 116), bei der Sie zunächst etwas mitteilen, dann die Reaktion Ihres Gegenübers abwarten und erst dann Ihre Mitteilungen fortsetzen. Wenn es klappt, können Sie wieder ein bißchen mehr von sich offenbaren.

Durch das Riskieren und Sichmitteilen werden verschiedene andere Kernprobleme angesprochen, die sich beispielsweise auf Vertrauen, Kontrolle, Gefühle und die übermäßige Toleranz für unangemessenes Verhalten beziehen. Bei jedem dieser Problembereiche sollte man daran denken, mit zuverlässigen Leuten darüber zu reden, und es auch am besten sogar gleich tun.

Wenn wir Mut haben, können wir langsam damit beginnen, unsere Geschichte zu erzählen.

Wir erzählen unsere Geschichte

Das Erzählen unserer Geschichte ist ein wichtiger Akt, der zur Entdeckung und Heilung des Kindes in uns führt. Er stellt die Grundlage für die Heilung in Selbsthilfegruppen, in der Gruppen- und Einzeltherapie und in der Beratung dar.

Fortsetzung der Trauerarbeit

In *Alcoholism and Spirituality* habe ich einen Teil der Dynamik des Geschichtenerzählens beschrieben. Alle unsere Geschichten bestehen, wenn sie vollständig sind, im wesentlichen aus drei Teilen: Trennung, Initiation und Heimkehr (Campbell 1979). 12-Schritte-Gruppen überschreiben ihre Geschichten mit »Wie wir waren«, »Was geschah« und »Wie wir jetzt sind«. Menschen, die an einer Gruppentherapie teilnehmen, nennen das Ganze vielleicht Wagnis, Sichmitteilen, Teilhaben und »Gruppenarbeit«. In der Einzeltherapie verwenden wir gewöhnlich ähnliche Bezeichnungen, in der Psychoanalyse spricht man dagegen eher von »freier Assoziation«, Verarbeitung der »Übertragung« und der »unaufgelösten inneren Konflikte«. Unter engen Freunden »offenbaren wir unsere Seele« oder »führen ein Gespräch von Mann zu Mann« oder »Frau zu Frau«.

Wenn wir uns öffnen und unsere Geschichte erzählen, wird uns bald klar, daß Klatsch und Tratsch und ein Wühlen in unseren Schmerzen in der Regel unserer Heilung kaum zuträglich ist. Das hängt zum Teil damit zusammen, daß solcher Klatsch zumeist aggressiv ist und kaum der Öffnung des Selbst dienen kann. Gewöhnlich bleibt die Kommunikation unvollständig und verstärkt nur die Opferhaltung des Betroffenen. Wenn wir in unseren Schmerzen wühlen, bedeutet das, daß wir unseren Leiden über Gebühr lange Ausdruck verleihen, jedenfalls zu lange für einen gesunden Trauerprozeß. Hier lauert eine Gefahr, die man in vielen Selbsthilfegruppen beobachten kann: Wenn jemand versucht, seine Leidensgeschichte zu erzählen und dabei keine erkennbare oder unmittelbare Lösung anbietet, kann es passieren, daß die anderen das Ganze unbewußt als »Selbstmitleid« abqualifizieren. Auch wenn solche Treffen von Selbsthilfegruppen in der Regel Geborgenheit vermitteln und hilfreich sind, wird der Betroffene sich in einem solchen Fall möglicherweise lieber anderen Menschen anvertrauen.

Simos (1979) sagte: »Trauerarbeit muß in einer Gemeinschaft stattfinden, in der niemand ungeduldig sein darf. Es darf weder eine Zensur noch Langeweile geben, weil der Erzähler sich wiederholt, denn solche Wiederholungen haben eine große Bedeutung für die Katharsis, die Verinnerlichung und schließlich für das bewußte Akzeptieren der Realität des Verlustes. Die von einem Verlust betroffenen Menschen haben ein feines Gespür für die Gefühle der anderen und werden Menschen gegenüber, die sie für ungeeignet halten, die Last ihrer Leiden mit ihnen zu teilen, nicht nur ihre Gefühle zurückhalten, sondern sogar versuchen, die Helfer (d. h. die Zuhörer) zu trösten.

Unsere Geschichte muß nicht so aussehen wie das klassische Bekenntnis eines Trinkers, und sie muß auch nicht lang sein. Wenn wir unsere Geschichte erzählen, reden wir über das, was in unserem Leben wichtig, bedeutsam, verwirrend, konflikthaft oder schmerzhaft ist. Wir wagen etwas, teilen uns mit, treten in Interaktion mit den anderen, machen Entdeckungen usw. und heilen uns dadurch selbst. Wir können uns die Geschichten der anderen anhören, und sie hören sich unsere an. Der vermutlich heilsamste Faktor ist, daß *wir* als Geschichtenerzähler *unsere eigene Geschichte hören können.* Auch wenn wir vorher schon eine Vorstellung davon hatten, wie sich unsere Geschichte anhören wird, wenn wir sie erzählen, kommt sie dann schließlich doch anders heraus, als wir es ursprünglich angenommen hatten.

Ich habe »unsere Geschichte« auf der Abbildung 2 dargestellt. Wir beginnen an dem Punkt des Kreises, der die Bezeichnung »Zufriedenheit« trägt, und können dabei vergessen, daß wir uns *in* unserer Geschichte befinden. Irgendwann im Laufe unseres Lebens erleiden wir einen Verlust, ganz gleich, ob dieser Verlust bereits eingetreten ist oder uns nur droht. Die Bühne ist jetzt sowohl für die Trauer als auch für unsere Weiterentwicklung hergerichtet. Auf Abbildung 2 wird der größte Teil des ursprünglichen Schmerzes unserer Trauer als *Verletzung* bezeichnet. Und wenn wir das Gefühl haben, verletzt worden zu sein, neigen wir dazu, wütend zu werden.

An diesem entscheidenden Punkt haben wir die *Möglichkeit*, uns *bewußtzumachen*, daß wir einen Verlust erlitten haben oder aus der Bahn geworfen worden sind. Und an dieser Stelle können wir die *Entscheidung treffen, uns direkt mit unseren Schmerzen und unserer Trauer zu konfrontieren.* Wir können diesen Zyklus unserer Geschichte als »abgeschlossen« oder als »Reise des Helden oder der Heldin« bezeichnen. Es kann allerdings auch sein, daß wir uns die

Fortsetzung der Trauerarbeit

Möglichkeit einer Verarbeitung der Schmerzen, die mit unserem Verlust oder unserem Kummer verbunden sind, *nicht* bewußtmachen. Dann kann es geschehen, daß wir entweder einen Groll entwickeln und/oder uns selbst Vorwürfe machen, was letzten Endes zu streßbedingten Erkrankungen und einer Verlängerung der Leiden führt, die vermeidbar gewesen wäre, wenn wir unsere Trauer gleich verarbeitet hätten. Wir sprechen in diesem Zusammenhang von einem »Opferzyklus« oder einer »Märtyrer-/Opfer-Haltung«.

Wenn wir uns dafür entschieden haben, unseren Schmerz und unsere Trauer zu verarbeiten, beginnen wir sogleich damit, uns anderen mitzuteilen, nachzudenken und unsere Schmerzen zu erleben. Wir müssen unsere Geschichte unter Umständen über einen längeren Zeitraum immer wieder erzählen, d.h. sie nach mehreren Stunden, Tagen, Wochen oder sogar Monaten wieder aufgreifen, bis wir sie schließlich vollständig erzählt haben. Wir müssen darüber hinaus auch auf andere Weise daran arbeiten, indem wir über die Geschichte nachdenken, davon träumen und sie dann noch einmal erzählen.

Auch wenn es uns weh getan hat, haben wir unseren Kummer oder unseren Konflikt jetzt vollständig verarbeitet und sind von unseren Schmerzen befreit. Der Konflikt ist jetzt gelöst und integriert und wir haben etwas gelernt. Wir haben das Kind in uns geheilt und sind daran gewachsen. Jetzt können wir uns entspannen und den natürlichen Zustand des Kindes in uns genießen, d.h. Zufriedenheit, Freude und Kreativität spüren.

Es kann uns allerdings zu Anfang schwerfallen, unsere Geschichte zu erzählen. Und wenn wir sie schließlich erzählen, kann es uns schwerfallen, den Gefühlen, die mit ihr verbunden sind, Ausdruck zu verleihen. Und am schwierigsten ist es, Zorngefühle zu erkennen und auszudrücken.

Zorn ist ein wichtiger Bestandteil der Trauerarbeit und dient der Heilung des Kindes in uns.

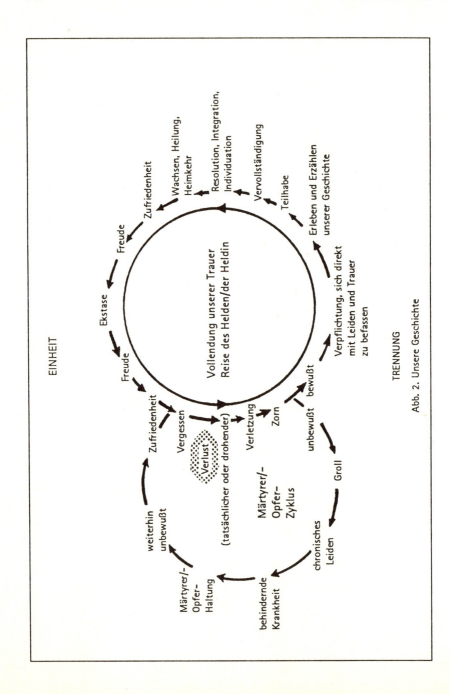

Abb. 2. Unsere Geschichte

Fortsetzung der Trauerarbeit

Wir werden zornig

Zorn ist eines unserer häufigsten und wichtigsten Gefühle. So wie andere Gefühle weist er uns auf etwas hin, mit dem wir uns beschäftigen müssen. Menschen, die in einer gestörten Familie aufgewachsen sind, merken oft nicht, wie zornig sie sind und wie sehr es ihnen helfen würde, wenn sie ihren Zorn erkennen und ihm Luft machen könnten, auch wenn ihre seelischen Verletzungen schon viele Jahre zurückliegen. Als Kinder oder Jugendliche sind sie häufig schlecht behandelt worden, wobei eine solche schlechte Behandlung sehr subtil sein kann. Im 9. Kapitel haben wir im Abschnitt »Hohe Toleranz für unangemessenes Verhalten« gezeigt, daß sich Kinder und Erwachsene häufig *gar nicht darüber im klaren sind, daß sie schlecht behandelt worden sind.* Da ihnen ein Bezugspunkt fehlt, von dem aus sie die Realität überprüfen könnten, glauben sie, daß die Art, wie sie behandelt wurden – und zum Teil noch behandelt werden –, irgendwie normal und in Ordnung ist. Und wenn nicht, dann haben sie es eben *verdient,* daß man sie so schlecht behandelt.

Wenn wir in der Therapie *anderen Menschen zuhören, die uns ihre Geschichte erzählen,* lernen wir mit der Zeit, was es bedeutet, schlecht behandelt, mißbraucht oder vernachlässigt worden zu sein. In der Gruppen- oder Einzeltherapie zeigt sich, daß der Prozeß, in dessen Verlauf wir uns unsere Gefühle bewußtmachen und sie *ausdrücken,* den großen Vorteil hat, daß wir *nach und nach in die Lage versetzt werden, ein erfolgreiches und zufriedenes Leben zu führen.* Wenn uns klar wird, wie schlecht wir behandelt worden sind, können wir den notwendigen Befreiungsprozeß der Trauerarbeit einleiten. Wir müssen uns unseren Zorn bewußtmachen und ihn ausdrücken, denn das ist ein wichtiger Bestandteil der Trauerarbeit.

Einer der wenigen Mängel der 12-Schritte-Selbsthilfegruppen besteht darin, daß sie eine verborgene Angst vor Gefühlen haben, vor allem vor Schmerzgefühlen. Es gibt sogar das Motto »H.A.L.T.« was soviel heißt wie »werde nicht zu hungrig, wütend, einsam oder müde (hungry, angry, lonesome, tired). Der Mensch, der sich gerade auf dem Weg der Heilung befindet, kann das leicht mißverstehen und glauben, es hieße, »er solle seine Gefühle bei sich behalten«, während es in Wirklichkeit bedeutet: »Kümmere dich besser um dich selbst, damit dich solche Gefühle nicht überwältigen können.«

Viele Menschen, die sich auf dem Weg der Besserung befinden, haben Angst, ihrem Zorn Luft zu machen. Sie haben Angst, sie könnten in ihrem Zorn die Kontrolle verlieren, und dann möglichweise sich selbst oder einen anderen Menschen verletzen, oder es könnte etwas Schlimmes passieren. Wenn sie die Spur weiterverfolgen würden, könnte sich herausstellen, daß ihr Zorn keine oberflächliche Störung ist, sondern daß es sich in Wirklichkeit um *Wut* handelt. Und Wut ist ihnen unheimlich. Es ist also völlig normal, wenn man Angst davor hat, sich seinen Zorn bewußtzumachen und ihm freien Lauf zu lassen.

Derartige Wutanfälle sind mitunter von körperlichen Symptomen begleitet wie Zittern, Panikgefühlen, Appetitverlust und machmal sogar von einem Gefühl der Erregung. Es kann befreiend wirken, sich mit dem eigenen Zorn zu konfrontieren und ihm Luft zu machen. In einer gestörten Familie oder in einem ähnlichen Umfeld wird der Mensch jedoch an der Wahrnehmung und am Ausdruck seiner Gefühle gehindert, sie werden ihm womöglich sogar verboten.

Wenn wir als Kind, Jugendlicher oder Erwachsener einen tatsächlichen oder drohenden Verlust oder ein Trauma erleben, reagieren wir in elementarer Weise mit Angst und Schmerz. *In einer Umgebung, in der Gefühle nicht ausgedrückt werden können*, glauben wir jedoch, *wir selbst* hätten das Trauma *verursacht oder wären für den Verlust verantwortlich*. Dann schämen wir uns und haben Schuldgefühle. Da aber auch diese Gefühle nicht ausgedrückt werden können, nimmt unser Zorn noch weiter zu, und wenn wir noch einmal versuchen, ihm Luft zu machen, werden wir aufs neue unterdrückt. Die ständige Unterdrückung und Verdrängung dieser Gefühle führen dazu, daß das Kind in uns völlig verwirrt und traurig ist, sich schämt und eine innere Leere empfindet. Wenn solche schmerzhaften Gefühle sich immer mehr ansammeln und aufstauen, werden sie schließlich unerträglich. Da wir nirgendwo eine Gelegenheit finden, sie freizusetzen, bleibt uns nur die Möglichkeit, sie, so gut wir können, zu blockieren, d.h. unempfindlich und taub zu werden.

Fortsetzung der Trauerarbeit

Es gibt jedoch noch *vier* weitere Möglichkeiten, die wir vielleicht im Laufe unseres Lebens gelernt haben: 1. Wir halten so lange aus, bis es unerträglich wird. 2. Da wir die Gefühle nicht freisetzen können, werden wir körperlich oder seelisch krank und/oder wir »explodieren«. 3. Wir betäuben den Schmerz mit Alkohol oder anderen Drogen. 4. Wir drücken den Schmerz aus und verarbeiten ihn mit vertrauenswürdigen Menschen, die bereit sind, uns zu helfen.

Die Betäubung des Schmerzes mit Alkohol oder anderen Drogen, ganz gleich, ob sie uns von einem Arzt verschrieben werden oder wir sie uns selbst beschaffen, wirkt in der Regel nicht lange und kann für ein Kind, dessen Eltern oder Großeltern Alkoholiker sind oder waren, wegen der Möglichkeit einer erblichen Veranlagung des Alkoholismus oder der Drogenabhängigkeit gefährlich werden. Außerdem wird dadurch eine gesunde Verarbeitung der Trauer blockiert oder zumindest verzögert. Das Problem ist, daß so viele von uns, die Hilfe nötig hatten, Drogen bekommen haben, um den Schmerz zu lindern. Man hat ihnen nie erklärt, daß sie sich in einem Trauerprozeß befinden, und sie nicht ermutigt, ihn durchzustehen.

In vielen gestörten Familien ist es üblich, daß man seine Schmerzen so lange unterdrückt, bis sie unerträglich werden und man förmlich explodiert. Auch wenn eine solche Verhaltensweise vielleicht wirksamer ist als eine Betäubung durch Alkohol oder Drogen, ist sie doch nicht annähernd so effektiv, als wenn wir uns *in dem Augenblick, in dem die Schmerzen auftreten*, einem zuverlässigen, hilfreichen Menschen anvertrauen.

Wenn wir die Eltern in Schutz nehmen, blockieren wir die Trauerarbeit

Im vorigen Kapitel habe ich sechs Möglichkeiten beschrieben, die zur Vermeidung von Schmerzen dienen: das Leugnen des Verlustes, die Unterdrückung unserer Gefühle, die Machohaltung, die Zuflucht zu Alkohol oder Drogen und den anhaltenden Versuch, das verlorene Objekt zurückzubekommen.

Im Rahmen unserer Beschäftigung mit dem Phänomen des Zorns können wir jetzt noch eine weitere Möglichkeit beschreiben, wie die Trauer blockiert werden kann: indem wir unsere Eltern oder andere Elternfiguren oder Autoritätspersonen vor unserem Zorn schützen. Vor und während der Trauerarbeit und der Entdeckung des Kindes in uns spüren, glauben oder befürchten wir, daß etwas ganz Schlimmes passieren wird, wenn wir uns unseren Eltern gegenüber nicht angemessen verhalten, indem wir wütend auf sie sind. Dieser Glaube und diese Angst haben wahrscheinlich zum Teil etwas mit der Erziehungsregel »Sag nichts, glaub nichts, fühl nichts« zu tun, die in diesem Buch und an anderer Stelle (Black 1988) beschrieben wird. Tabelle 12 zeigt neun Möglichkeiten, wie wir als Kinder und Erwachsene unsere Eltern vor unserem Zorn in Schutz nehmen.

Die erste Möglichkeit besteht aus einer krassen Verleugnung. Wir sagen dann zum Beispiel: »Ich hatte eine sehr glückliche Kindheit« oder »Meine Kindheit war ganz normal«. Das Trauma vieler erwachsener Alkoholikerkinder aus gestörten oder dysfunktionalen Familien ist so tiefgreifend, daß solche Menschen sich an etwa 75 Prozent ihrer Kindheitserlebnisse nicht erinnern können. Meine klinischen Erfahrungen haben mir allerdings gezeigt, daß die meisten erwachsenen Kinder während der Therapie schließlich doch in der Lage sind, ihre Verdrängung aufzulösen und nach und nach ihre nicht betrauerten Verluste und Traumata offenzulegen und zu verarbeiten. Wenn der Betroffene in der Gruppentherapie, in einer EKA-Selbsthilfegruppe oder bei anderen Gelegenheiten die Geschichten anderer Menschen hört, so hilft ihm das zu erkennen, was mit ihm selbst passiert ist. Er kann dann seine eigene Trauerarbeit beginnen und dazu gehört, daß er wütend werden darf.

Die zweite Methode oder Strategie, unsere Eltern zu schonen, besteht darin, daß wir eine beschwichtigende Haltung einnehmen, indem wir sagen: »Ja, meine Kindheit war vielleicht nicht ganz so glücklich, aber meine Eltern haben ihr Bestes gegeben.« Wenn wir uns so etwas oft sagen, isolieren wir uns von unseren Gefühlen. Eine solche Einstellung hindert uns daran, die notwendige Trauerarbeit aufzunehmen, die uns von unseren Leiden befreit.

Fortsetzung der Trauerarbeit

Tabelle 12. Der Heilung hinderliche Methoden und Strategien zur Schonung der Eltern

Kategorie	Redensarten, die man häufig hört
1. Krasse Verleugnung	»Ich hatte eine glückliche Kindheit.«
2. Beschwichtigung; »ja, aber...«	»Das ist zwar passiert, aber... meine Eltern haben ihr Bestes gegeben.«
3. Betrachtung des Traumas als Phantasievorstellung	»Das hat sich nicht wirklich so ereignet.«
4. Viertes Gebot	»Gott wird zornig auf mich sein. So etwas darf man nicht tun.«
5. Unbewußte Angst vor Zurückweisung	»Wenn ich wütend auf sie bin, haben sie mich nicht mehr lieb.«
6. Angst vor dem Unbekannten	»Etwas ganz Schlimmes wird passieren. Ich werde jemanden verletzen, oder man wird mir weh tun.«
7. Man nimmt die Schuld auf sich	»Ich habe selbst schuld daran.«
8. Man verzeiht den Eltern	»Ich verzeihe ihnen« oder »Ich habe ihnen schon verziehen.«
9. Man greift die Person an, die einem vorschlägt, eine Therapie zu machen	»Du bist schuld, weil du mir vorschlägst, meine Verletztheit und meine Wut auszudrücken oder zuzugeben, daß meine Eltern schuldig waren.«

Die nächste Möglichkeit besteht darin, daß wir den Verlust oder das Trauma als eine Phantasievorstellung betrachten. So etwas wird uns häufig nahegelegt, wenn wir uns in eine psychotherapeutische oder -analytische Behandlung begeben. Der Analytiker oder Therapeut deutet uns dann womöglich an, daß wir uns in keinem Fall genau daran erinnern könnten, wie die traumatische Situation *tatsächlich* ausgesehen habe, und macht uns damit klar, daß das Ganze nur in unserer Vorstellung existiert. Dadurch wird unsere Verletzung verschlimmert und wieder einmal der Schmerz des Kindes in uns entwertet. Wir kommen dann letzten Endes zu dem Schluß: »Das ist gar nicht wirklich so passiert.«

Alle möglichen Therapiemethoden verlangen von uns, daß wir zugeben, daß unsere Ängste inzwischen jeder Grundlage entbehren, daß wir unseren Widerstand eigentlich aufgeben könnten und unser Bedürfnis nach Akzeptanz längst durch den Therapeuten oder die Therapiegruppe befriedigt worden sei. Außerdem erklärt man uns wahrscheinlich, daß wir unsere Eltern hassen mögen, sie zugleich aber auch lieben würden. Und das, was sie falsch gemacht hätten, sei aus Liebe geschehen.

Alice Miller schreibt: »Das alles weiß der erwachsene Mensch schon längst, hört es aber gerne noch einmal, weil ihm das noch einmal hilft, das Kind, das in ihm gerade zu weinen angefangen hat, zu verleugnen, zu beschwichtigen und zu beherrschen. So wird der Therapeut oder die Gruppe oder er selber dem Kind die »dummen«, weil in der heutigen Situation nicht mehr adäquaten (und doch so intensiven) Gefühle ausreden, und das, was die Behandlung hätte bewirken können, nämlich das Erwachen und Reifen dieses wahren Selbst des Kindes, wird durch eine Behandlung, die dem zornigen Kind die Begleitung verweigert, wieder zunichte gemacht.« (Miller 1981). Um uns von einer schlechten Behandlung befreien zu können, müssen wir gewöhnlich erst einmal wütend werden.

Die nächste Möglichkeit, unseren Zorn zu blockieren, stellt das vierte Gebot dar, in dem es heißt: »Du sollst deinen Vater und deine Mutter ehren, auf daß du lange lebest in dem Lande, das dir der Herr, dein Gott, geben wird.« (2. Moses 20,12). Es ist schwer, genau zu sagen, welche Bedeutung das Wort »ehren« in diesem Zusammenhang hat. Jahrhundertelang ist es jedenfalls von den meisten *Eltern* so interpretiert worden, daß das Kind unterdrückt wurde und zum Beispiel »keine Widerworte« geben durfte. Wir können das vierte Gebot so

Fortsetzung der Trauerarbeit

verstehen, daß »Gott zornig auf mich wird, wenn ich zornig auf meine Eltern bin. Das darf man nicht« oder: »Ich bin böse oder ein schlechter Mensch, wenn ich zornig auf sie werde.« Die meisten etablierten Religionen der Welt enthalten ähnliche Ermahnungen, die das Kind in uns unterdrücken und unsere Fähigkeit behindern, wirklich zu sein und unsere Verluste in einer gesunden Weise zu verarbeiten.

Eine fünfte Möglichkeit, Zorn und Trauer zu vermeiden, indem wir unsere Eltern schonen, liegt in unserer Angst vor der Zurückweisung. Wir denken oder sagen dann etwa: »Wenn ich meine Wut herauslasse, lieben sie mich nicht mehr« oder: »Dann werden sie mich wieder wie einen ungezogenen kleinen Jungen oder ein ungezogenes kleines Mädchen behandeln.« Das ist eine echte Angst, die ausgedrückt werden muß, wenn sie uns bewußt wird.

Die sechste Art besteht aus der Angst vor dem Unbekannten oder der Angst, Gefühle auszudrücken. Wir denken dann etwa: »Irgend etwas ganz Schlimmes wird passieren. Ich werde womöglich jemanden verletzen, oder man wird mir selbst weh tun.« Das ist eine weitere echte Angst, die wir in der Therapie ausdrücken müssen. Es kann auch sein, daß wir selbst die Schuld auf uns nehmen und sagen: »Ich bin selbst schuld daran.«

Viele Menschen vermeiden ihren Zorn und ihre Trauer, indem sie ihren Eltern ganz einfach »verzeihen«. Sie gehen davon aus, daß es leicht ist zu verzeihen, und sagen: »Ich verzeihe ihnen einfach.« Oder, was noch unterdrückender für ihr wahres Selbst ist: »Ich *habe ihnen bereits* verziehen.« Die meisten Leute, die so etwas sagen, haben ihnen in Wirklichkeit nicht vollständig verziehen, da Verzeihen ein *Prozeß* ist, der sich ähnlich, wenn nicht sogar auf *identische* Weise vollzieht wie der Trauerprozeß.

Die letzte Methode, unsere Eltern in Schutz zu nehmen, besteht aus einem Angriff auf die Person, die uns gegenüber andeutet, daß wir eine Therapie nötig hätten, vor allem dann, wenn diese Therapie dazu führen soll, daß wir unserem Zorn auf die Eltern Luft machen und ihnen Schuld zuweisen. Wir sagen dann etwa: »Wie kannst du nur einen solchen Vorschlag machen?« oder »Willst du damit etwa sagen, meine Eltern wären schlechte Menschen gewesen?«

Eine dieser Möglichkeiten oder eine Kombination davon nehmen wir wahr, um unsere Eltern vor unserem Schmerz, unserem Zorn und unserer Wut in Schutz zu nehmen, und unterdrücken dadurch unser wahres Selbst und blockieren unsere Fähigkeit, uns von dem unnötigen Leid zu heilen. Wir verfügen jetzt allerdings über das *Wissen um diese Blockaden.* Von jetzt an können wir immer dann, wenn wir eine dieser Möglichkeiten ergreifen wollen – zum Beispiel um unbewußt unsere Trauerarbeit zu behindern –, damit beginnen, uns von ihnen zu *befreien,* vorausgesetzt, wir sind so weit.

Wir drücken unseren Zorn aus

Wir sind dabei zu lernen, daß es bei der Heilung des Kindes in uns *richtig* und *gesund* ist, wenn wir uns unseren Zorn bewußtmachen und ihn zum Ausdruck bringen. Aber wie ist das möglich? Und wem gegenüber?

Es wird uns mit der Zeit immer klarer, daß es Menschen gibt, die in der Lage sind, sich unseren Zorn anzuhören und uns dabei zu helfen, ihn zu verarbeiten. Das sind die zuverlässigen, hilfreichen Leute, die ich bereits häufig erwähnt habe – Therapeuten, Berater, Sponsoren, Therapiegruppen, Mitglieder von Selbsthilfegruppen und Freunde, denen wir vertrauen. Im Gegensatz dazu gibt es andere Menschen, die aus dem einen oder anderen Grund nicht in der Lage sind, sich unsere Zornausbrüche anzuhören. Dazu gehören möglicherweise unsere Eltern und andere Menschen, die uns an unsere Eltern erinnern. Wenn wir uns unseren Eltern oder einer anderen solchen Person gegenüber in *direkter* Weise ausdrücken, so wie es unserem Bedürfnis entspricht, ist es sehr *unwahrscheinlich,* daß uns das einen therapeutischen Gewinn bringt. Der Betroffene versteht wahrscheinlich nicht, was wir sagen wollen oder was wir vorhaben. Oder er mag unsere Ausdrucksweise nicht und lehnt unser mutiges Angebot ab, uns ganz zu öffnen, und wir fühlen uns dann wieder einmal verwirrt, verletzt und ohnmächtig. Auch wenn es ein kathartisches Erlebnis sein kann, solchen Menschen gegenüber seinem Zorn Luft zu machen, ist doch in unserem eigenen Interesse davon abzuraten, denn es kann letzten Endes selbstzerstörerische

Fortsetzung der Trauerarbeit

Formen annehmen. Da diese Leute das Kind *in sich selbst* noch nicht geheilt haben, sind sie in der Regel auch nicht in der Lage, einem anderen Menschen auf eine zuverlässige und nützliche Weise zu helfen. Wir können allerdings lernen, solchen Leuten *Grenzen zu setzen,* damit sie uns nicht weiter schlecht behandeln können. *Und wir setzen feste Grenzen, liebevoll,* ohne Aggression, aber mit *Bestimmtheit.*

Auch wenn es in der Regel nach einer gewissen Zeit, nach Beendigung der Trauerarbeit, angebracht ist, mit den Eltern und anderen Menschen, die uns schlecht behandelt haben, Frieden zu schließen und ihnen zu verzeihen, ist es sehr wichtig, bei diesem Prozeß nichts zu übereilen. Es gibt Therapeuten, die darauf bestehen, daß wir uns mit unseren Eltern versöhnen, und das als unmittelbares oder letztes Ziel ihrer Behandlung ansehen. Verfrühte Bemühungen in dieser Richtung können jedoch die Entdeckung und Heilung des Kindes in uns blockieren. Man sollte sich dabei Zeit lassen.

Selbst wenn wir lange daran arbeiten müssen, bis wir das Kind in uns entdecken und heilen können, kann es sein, daß wir auch hinterher noch nicht in der Lage sind, die Differenzen mit unseren Eltern auszuräumen. Wir müssen einsehen, daß wir sie nicht therapieren können. Sie sind so, wie sie sind, und nichts, was wir tun, wird daran etwas ändern können. Also lassen wir es am besten.

Einige Leute, deren Eltern oder andere Berzugspersonen – seien es Alkoholiker, gewalttätige Menschen oder andere Menschen, von denen sie schlecht behandelt worden sind – sich ihnen gegenüber »schädlich« verhalten haben, sollten sich einige Monate oder sogar ein Jahr und länger von ihnen trennen. Eine solche Trennung oder »Entgiftungs«-Periode bietet uns den Raum und den inneren Frieden, der es uns möglich macht, das Kind in uns zu entdecken und zu heilen.

Weitere Prinzipien

Je intensiver wir durch den Verlust eines Objekts oder durch ein bestimmtes Ereignis, das wir betrauern, verletzt worden sind, um so größer ist in der Regel unser Zorn. Selbst wenn wir ein ziemlich gesundes Verhältnis zu dem verlorenen Objekt hatten, können wir trotzdem wütend werden, weil es uns hilflos und allein zurückgelassen hat. Möglicherweise werden wir auf andere Menschen wütend, von denen wir annehmen, daß sie in irgendeiner Weise für den Verlust verantwortlich sind, oder wir sind wütend auf jeden, der nicht so leiden muß wie wir. Und wir können letzten Endes auch wütend auf unseren Therapeuten werden, weil wir die Therapie bezahlen müssen und weil er uns dazu zwingt, unsere Trauerarbeit zu tun.

Nach einer gewissen Zeit, wenn wir unseren Zorn verarbeitet und unsere Trauerarbeit abgeschlossen haben, trennen wir uns von unserem Zorn und von unserem Leid. Wir sind an dem Punkt angelangt, an dem wir sagen können: »Es reicht.«

13

Transformation

Viele Menschen verändern ihr Leben, indem sie sich zu sich selbst bekennen, über sich selbst nachdenken, an einer Gruppentherapie, an Selbsthilfegruppen teilnehmen oder eine Einzeltherapie machen. Auf diese Weise wird ihr Leben freier, vollständiger und ausgefüllter.

Transformation bedeutet eine Veränderung der Form, ein Überformen, ein Rekonstruieren. Letzen Endes ist es eine Verlagerung vom Einfach-nur-Leben zu einem Leben als Ausdruck unseres Seins. Wenn wir eine Transformation durchmachen, verändern wir unser Bewußtsein. Wir wechseln von einer Domäne der Realität und des Seins in eine andere. Durch eine solche Veränderung wachsen wir und transzendieren auf eine höhere, mächtigere und kreativere Ebene des Seins. Gleichzeitig erleben wir eine Zunahme der Kraft unserer Persönlichkeit und ihrer Möglichkeiten und übernehmen außerdem in größerem Maße die Verantwortung für das Gelingen unseres Lebens.

Im Transformationsstadium der Therapie bemühen wir uns, die verletzlichen Teile des Kindes in uns zu offenbaren, und erheben paradoxerweise gleichzeitig Anspruch auf die Kraft, die im Inneren unseres Kindes schlummert. Wir verwandeln die belasteten und oft gestörten Teile unseres Lebens in positive und funktionstüchtigere. Wenn wir zum Beispiel unsere Kernprobleme identifizieren, durcharbeiten und umwandeln, leiten wir möglicherweise eine der folgenden Transformationen ein:

Problemfeld	Transformation
Betrauern von Problemen aus der Vergangenheit und Gegenwart	Trauer um gegenwärtige Verluste
Identitätsprobleme	Gefühl der Identität
Vernachlässigung unserer Bedürfnisse	Bedürfnisse werden befriedigt
Übertriebenes Verantwortungsbewußtsein	Wir fühlen uns für uns selbst verantwortlich und setzen eindeutige Grenzen.
Schwach ausgeprägtes Selbstwertgefühl	Verbessertes Selbstwertgefühl
Kontrolle	Wir übernehmen Verantwortung, verzichten aber auf unser Kontrollbedürfnis.
Alles-oder-nichts-Einstellung	Wir befreien uns vom Alles-oder-nichts-Denken.
Das Problem, anderen zu vertrauen	Wir vertrauen anderen Menschen in angemessener Weise.
Problematische Einstellung den eigenen Gefühlen gegenüber	Wir beobachten u. nutzen unsere Gefühle.
Hohe Toleranz unangemessenem Verhalten gegenüber	Wir wissen, was angemessen ist, und fragen im Zweifelsfall eine Person unseres Vertrauens.
Angst vor dem Verlassenwerden	Wir haben keine Angst davor, verlassen zu werden.
Schwierigkeiten, Konflikte zu lösen	Wir lösen Konflikte.
Schwierigkeiten, Liebe zu geben und zu empfangen	Wir lieben uns selbst, andere Menschen und die höhere Macht.

Solche Veränderungen unseres Lebens sind nicht immer leicht zu erreichen. Wir müssen daran arbeiten, etwas riskieren und anderen Menschen, denen wir vertrauen und die uns helfen wollen, unsere Geschichte erzählen. Aber auch wenn wir uns verändern, heißt das nicht, daß wir an einem Tag ein nur schwach ausgeprägtes Selbstwertgefühl haben und uns wünschten, es wäre besser, und dann am nächsten Tag mit einem gesunden Selbstwertgefühl wach werden. Die Arbeit an einer solchen Lebensveränderung vollzieht sich in bestimmten Schritten.

In der Regel ist es am besten, wenn wir bei diesem Veränderungsprozeß jeweils ein bestimmtes Problem behandeln, das uns entweder besondere Sorgen macht oder das gerade aufgetaucht ist. Gravitz und Bowden sprechen davon, daß man das Problem »scheibchenweise« bearbeiten sollte. Ein bestimmter Plan oder eine Problemlösung wird dabei Schritt für Schritt in die einzelnen Komponenten aufgeteilt. Einige dieser Schritte habe ich in Tabelle 13 dargestellt.

Joan, eine 33jährige Frau, die an einem ihrer Kernprobleme arbeitete, das darin bestand, daß sie ihre eigenen Bedürfnisse vernachlässigte, hatte sich, solange sie zurückdenken konnte, immer nur auf die Bedürfnisse anderer Menschen konzentriert und dabei ihre eigenen vernachlässigt. Sie hatte gelernt, sich so zu verhalten, daß sie immer wieder an besonders bedürftige Leute geriet, um die sie sich kümmern konnte.

In der Gruppentherapie berichtete sie: »Bis heute wußte ich nie, ob ich überhaupt Bedürfnisse hatte. Der Gedanke war mir völlig fremd. Aber langsam erkenne ich jetzt, daß ich welche habe. Das Bedürfnis, an dem ich zur Zeit arbeite, bezieht sich darauf, daß ich mich gern entspannen und Spaß haben würde. Das Wort »arbeiten« mag in diesem Zusammenhang eigenartig klingen, aber für mich ist es Arbeit. Ich bin immer so ernst, daß ich gar nicht weiß, wie das ist, wenn man sich einmal gehen läßt und sich amüsiert. Ich glaube, ich muß lernen, wieder ein Kind zu *sein* und wie ein Kind zu *spielen*. Ich hatte immer ein übermäßig stark ausgeprägtes Verantwortungsgefühl. Meine Therapeutin hat mir täglich eine halbe Stunde Entspannung verordnet, in der ich nur spielen oder Spaß haben soll. Und am Wochenende soll ich mir täglich eine

Tabelle 13. Schritte zur Transformation und Integration bestimmter Problemfelder bei der Heilung des Kindes in uns

Problemfelder	Anfangsstadium	Mittleres Stadium	Fortgeschrittenes Stadium	Nach der Heilung
1. Trauer	Identifizierung der Verluste	Wir lernen zu trauern.	Trauern	Betrauern gegenwärtiger Verluste
2. Identität	Identifizierung des wahren Selbst	Wir üben, mit uns selbst identisch zu sein.		Wir sind mit uns selbst identisch.
3. Vernachlässigung der eigenen Bedürfnisse	Wir stellen fest, daß wir Bedürfnisse haben.	Identifizierung unserer Bedürfnisse.	Wir fangen an, Befriedigung unserer Bedürfnisse zu bekommen.	Wir sorgen dafür, daß unsere Bedürfnisse befriedigt werden.
4. Übertriebenes Verantwortungsgefühl usw.	Wir definieren unsere Grenzen.	Wir gewinnen Klarheit über unsere Grenzen.	Wir lernen, Grenzen zu ziehen.	Wir übernehmen die Verantwortung für uns selbst und ziehen klare Grenzen.
5. Schwach ausgeprägtes Selbstwertgefühl	Identifizieren	Wir teilen uns anderen mit.	Bestätigen	Gestärktes Selbstwertgefühl
6. Kontrolle	Identifizieren	Wir beginnen, uns zu entspannen.	Wir übernehmen Verantwortung.	Wir übernehmen Verantwortung, entspannen uns aber dabei.
7. Alles-oder-Nichts	Erkennen und Identifizieren	Wir lernen Sowohl/als-auch-Entscheidungen.	Wir befreien uns.	Wir haben uns von der Alles-oder-nichts-Einstellung befreit.
8. Vertrauen	Wir stellen fest, daß es uns helfen kann, wenn wir Vertrauen haben.	Selektives Vertrauen	Wir lernen, zuverlässigen Menschen zu vertrauen.	Wir haben in angemessener Weise Vertrauen zu anderen Menschen.
9. Gefühl	Erkennen und Identifizieren	Wir sammeln Erfahrungen.	Wir lernen, mit unseren Gefühlen umzugehen.	Wir beobachten und benützen unsere Gefühle.
10. Hohe Toleranz unangemessenem Verhalten gegenüber	Wir prüfen, was angemessen ist und was nicht.	Wir lernen, was angemessen ist und was nicht.	Wir lernen, Grenzen zu ziehen.	Wir wissen, was angemessen ist, wenn nicht, fragen wir einen zuverlässigen Menschen.
11. Angst, verlassen zu werden	Wir stellen fest, daß wir verlassen und vernachlässigt worden sind.	Wir reden darüber.	Wir trauern darüber, daß man uns verlassen hat.	Wir haben uns von der Angst vor dem Verlassenwerden befreit.
12. Schwierigkeiten bei Umgang mit und Lösung von Konflikten.	Erkennen und Wagnisse eingehen		Wir lösen Konflikte.	Wir arbeiten gegenwärtige Konflikte durch.
13./ 14. Schwierigkeiten, Liebe zu geben und zu empfangen	Definieren der Liebe	Wir üben, zu lieben.	Wir können verzeihen und kultivieren die Liebe.	Wir lieben uns selbst, andere und die höhere Macht.

ganze Stunde dafür freihalten. Ich weiß noch nicht, ob ich das schaffe. Aber ich werde es versuchen. Nachdem ich es am ersten Tag einmal ausprobiert hatte, habe ich es prompt die nächsten fünf Tage vergessen. Daran sehe ich, wie sehr ich mich innerlich dagegen wehre.«

Wenn wir den Prozeß der Befriedigung unserer eigenen Bedürfnisse in seine einzelnen Komponenten zerlegen und uns zuerst einmal *klar darüber werden*, daß wir Bedürfnisse *haben*, und sie anschließend *identifizieren*, verarbeiten wir die Probleme, die sich aus der Vernachlässigung unserer Bedürfnisse ergeben haben. Allein *diese Schritte*, die sich auf unsere Bedürfnisse beziehen, *können mehrere Monate* oder noch länger dauern. Erst allmählich erleben wir dann, daß das eine oder andere unserer Bedürfnisse auf normale Weise befriedigt wird. Mit dem wachsenden Bewußtsein, der weiteren Arbeit und der Konzentration auf unsere Bedürfnisse verändern wir unser Leben schließlich so, daß wir jetzt fast immer alle unsere Bedürfnisse befriedigen können.

Nachdem uns unsere Kernprobleme bewußt geworden wird, können wir an ihnen arbeiten. Wir können jetzt auf das reagieren, was wir tatsächlich erleben, und die Dinge beim richtigen Namen nennen. Wir lernen, *unserem eigenen inneren Überwachungssystem zu vertrauen* – unseren *Sinnen* und unseren *Reaktionen*. Die Nichtbeachtung oder Vernachlässigung dieses lebenswichtigen Teils unseres Selbst gehört jetzt der Vergangenheit an. Wir sind offen für unsere Gefühle, Sinne und Reaktionen, die wichtige Teile unseres wahren Selbst darstellen.

Wenn es uns nützt, bringen wir auch den Prozeß des schrittweisen Mitteilens ins Spiel, der weiter oben beschrieben wurde und daraus besteht, daß wir zunächst etwas von uns preisgeben, auf die Reaktion unseres Gegenübers warten und uns erst dann weiter offenbaren. Wenn wir das Gefühl haben, daß man uns zuhört, uns in realer Weise gegenübertritt und uns nicht zurückweist oder verraten wird, können wir uns entscheiden, mehr von uns preiszugeben, um jedoch auch dann wieder zuerst die Reaktion abzuwarten.

Befreiung von der Rolle des Opfers

Wir erkennen jetzt langsam auch, wie das, was wir in der Gegenwart tun, mit dem zusammenhängt, was uns als Kind widerfahren ist. Wenn wir anderen unsere Geschichte erzählen, befreien wir uns gleichzeitig von der Rolle des Opfers oder Märtyrers und dem Wiederholungszwang.

Richard, ein 42jähriger erfolgreicher Geschäftsmann und Vater von drei Kindern, war zweimal verheiratet, und zwar, wie sich herausstellte, in beiden Fällen mit Alkoholikerinnen. Zur Zeit lag er mit der zweiten Frau in Scheidung.

> Bis jetzt war mir nicht klar, was ich tat. Mit Hilfe der Therapie und dieser Gruppe habe ich bei mir selbst ein Verhaltensmuster erkannt, daß mich letzten Endes immer wieder dahin bringt, daß ich verletzt werde. Meine Mutter war Alkoholikerin, obwohl ich das nie erkannt habe und bis jetzt auch unmöglich zugeben konnte. Ich glaube, ich habe ihr nie helfen können, deshalb suchte ich mir – ohne zu wissen, was ich tat – eine Frau, der ich helfen *konnte*. Aber auch meinen beiden Frauen konnte ich letzten Endes nicht helfen. Al-Anon und diese Gruppentherapie hier haben mir geholfen, das zu erkennen. Man hat mir die Augen geöffnet, und ich bemühe mich jetzt, nicht wieder die gleichen Fehler zu machen. Ich fühle mich jetzt bedeutend wohler.

Richard hat einen Teil seines Lebens verändert, indem er zum Schöpfer seiner Geschichte geworden ist und diese lebt. Er hat vor allem sein Bewußtsein, seine Handlungsweisen und sein Verhalten verändert. Die Lebensgeschichte, deren Schöpfer er selbst ist und die er jetzt erzählt, handelt von einem ehemaligen Opfer oder einem Märtyrer, der sich auf dem Weg der Gesundung befindet und der früher unbewußt einem Wiederholungszwang gehorcht hat. Jetzt ist aus ihm ein Mensch geworden, der sich seiner Gefühle und Taten bewußt ist. Genauso wie wir es in »Wir erzählen unsere Geschichte« beschrieben haben, hat er sich jetzt aus dem Märtyrer-Opfer-Zyklus befreit und die Reise des Helden

Transformation

angetreten. Hier sind einige weiteren Beschreibungen der Komponenten dieser beiden Pole des Spektrums der Transformation.

Märtyrer/Opfer-Zyklus	Reise des Helden/der Heldin
falsches Selbst	wahres Selbst
Einengung des Selbst	Erweiterung des Selbst
damals	hier und jetzt
unerledigte Aufgaben	abgeschlossene/vor Abschluß stehende Aufgaben
kaum persönliche Rechte	viele persönliche Rechte
Stagnation, Regression	Wachstum
geringe Mitteilsamkeit	normale Mitteilsamkeit
immer die gleiche Geschichte	eine sich weiterentwickelnde Geschichte
Wiederholungszwang	wir erzählen unsere Geschichte
impulsiv und zwanghaft	spontan und fließend
das meiste ist unbewußt	vieles ist bewußt
unbewußte Blockierung	wachsendes Bewußtsein für Werden und Sein
unkonzentriert	konzentriert
ohne Therapieprogramm	mit Therapieprogramm
kaum offen für Impulse von anderen Menschen	offen für Impulse zuverlässiger Menschen
Grade einer »Trunkenheit ohne Alkohol«	verarbeitet Schmerz und genießt Freude
»kann ich alleine«	gemeinsame schöpferische Arbeit
oft überheblich	bescheiden, aber selbstbewußt
wenige Möglichkeiten	viele Möglichkeiten
»unglücklicher Traum«	»glücklicher Traum« (vgl. *Ein Kurs in Wundern*)
schließt höheres Wesen aus	schließt höheres Wesen ein
Krankheit	Gesundheit
Fluch	Geschenk

In der Therapie steigen unsere Kernprobleme wiederholt an die Oberfläche und werden uns mit der Zeit immer bewußter, vorausgesetzt wir arbeiten daran. Wir stellen dann fest, daß diese Probleme nicht isoliert existieren, sondern mit anderen Problemen in einer *Wechselwirkung* stehen oder sie sogar *einschließen*. So steht zum Beispiel das Problem des Vertrauens oft in einer Wechselwirkung mit dem Alles-oder-nichts-Prinzip und mit den Problemen der Kontrolle und eines schwach ausgeprägten Selbstwertgefühls, oder es schließt sie alle ein.

Loslassen, Überlassen und Vergeben

Viele Menschen absolvieren ein 12-Schritte-Programm oder irgendein anderes Therapieprogramm, um sich vom Alkoholismus, von der Drogenabhängigkeit, Co-Abhängigkeit, der Eßsucht, einer Neurose oder anderen Leiden zu befreien. Sie nehmen regelmäßig an den Therapiesitzungen teil, arbeiten zwei Jahre oder länger daran und sind immer noch nicht glücklich. Wenn jemand in einer normalen Sitzung einer 12-Schritte-Gruppe Probleme aufwirft, die ihm seine Familie, seine Wut oder seine Verwirrtheit schaffen, versucht die Gruppe oft, dem Thema auszuweichen, oder jemand sagt: »Kümmere dich einfach nicht darum«, als ob wir uns so ohne weiteres von unserer Verwirrtheit und unseren Leiden befreien könnten. (Für viele bedeutet »Kümmere dich einfach nicht darum«, daß wir unser Problem oder unseren Groll dem Schicksal, bzw. dem Höheren Wesen überlassen sollen.)

Aber das können wir erst, wenn wir wissen, *was* das ist, was wir dem höheren Wesen überlassen sollen. Wir müssen es *genauer* kennenlernen, d.h., wir müssen unsere Konflikte, Gefühle und Frustrationen erst *erleben*, und zwar *nicht intellektuell*, sondern tief in unserem Herzen, im Bauch, in der Tiefe unserer Seele, mit jeder Faser unseres Seins. Wir können unsere Erlebnismöglichkeiten fördern, indem wir ein Wagnis eingehen, uns mitteilen und vertrauenswürdigen Menschen unsere Geschichte erzählen. Je schwerer unsere Verletzung oder unser Trauma ist, ganz gleich ob es aus der Vergangenheit oder aus der Gegenwart stammt, um so öfter müssen wir wahrscheinlich unsere Geschichte erzählen und Trauer empfinden, weil wir nicht das bekommen haben, was wir haben wollten. Das kann Wochen, Monate oder mitunter sogar Jahre dauern, in denen wir über uns reden und die Gefühle ausdrücken müssen, die sich mit der Verletzung verbinden.

Erst wenn wir unseren Schmerz in dieser Weise identifiziert und erlebt haben, können wir die *Möglichkeit* in Betracht ziehen, daß wir vielleicht tatsächlich eine *Wahl* haben, und zwar können wir uns entscheiden, entweder weiter unter den Problemen zu leiden, die wir entdeckt haben und die uns bedrücken, oder nicht. Wenn wir uns entscheiden, nicht mehr weiter leiden zu wollen, und das Gefühl haben, auch wirklich bereit zu sein, können wir uns völlig entspannen. Erst dann können wir das Ganze tatsächlich »dem höheren Wesen überlassen« und uns davon befreien. Diesen gesamten Prozeß, der sich Schritt für Schritt vollzieht, kann man auf verschiedene Weise bezeichnen, man kann ihn Prozeß der Vergebung nennen, Ablösungsprozeß, »dem Schicksal überlassen« oder einfach »geschehen lassen«.

Wir können den Prozeß folgendermaßen zusammenfassen:

1. Wir machen uns unser Leid oder unseren Kummer *bewußt.*
2. Wir erleben den Kummer und erzählen anderen die Geschichte, die damit zusammenhängt.
3. Wir fassen die *Möglichkeit* ins Auge, daß wir vielleicht eine *Wahl* haben, unser Leiden zu beenden.
4. Wir *lösen* uns davon.

Wenn wir das Kind in uns heilen, arbeiten wir diesen Prozeß der Identifizierung oder Bewußtmachung durch, damit wir uns dann lösen und »loslassen« können. Da die meisten von uns im Leben viele Verluste erlitten haben, die sie noch nicht betrauert haben, kann diese Arbeit lange dauern. Damit wird unsere *Geduld* auf eine harte Probe gestellt. Es gibt dazu eine scherzhafte Äußerung: »Gott (Allah usw.), gib mir bitte Geduld, aber möglichst sofort!«

Selbstsicherheit

In der Transformationsphase der Heilung des Kindes in uns wird uns bewußt, wie groß der Unterschied zwischen Aggressivität und Selbstsicherheit ist. Zur Aggressivität gehört in den meisten Fällen eine Art Angriffsverhalten – sei es verbal, nichtverbal oder körperlich. Es *kann* sein, daß wir auf diese Weise das bekommen, was wir haben wollen, aber keiner, weder wir selbst noch unser Kontrahent, fühlt sich bei einer derartigen Auseinandersetzung so recht wohl. Wenn wir dagegen mit Selbstsicherheit auftreten, bekommen wir das, was wir haben wollen oder brauchen, *ohne* daß wir oder die andere Person hinterher ein schlechtes Gefühl haben. Das kann man sogar als einen Indikator dafür ansehen, daß wir selbstsicher und nicht aggressiv aufgetreten sind.

Viele Kinder, die in gestörten oder dysfunktionalen Familien aufgewachsen sind, lernen entweder aggressiv zu sein, zu manipulieren, *oder* sich zurückzuziehen, und bekommen so nicht das, was sie haben wollen oder brauchen. Für sie gab es kaum Vorbilder, von denen sie hätten lernen können, wie man selbstsicher auftritt. Eines Tages werden aus solchen Kindern Erwachsene, die sich entweder aggressiv und/oder manipulierend oder passiv verhalten, allen Leuten nach dem Mund reden oder deren Verhalten eine Kombination aus beidem darstellt.

Wenn wir selbstsicher auftreten, bekommen wir in der Regel das, was wir haben wollen oder brauchen. Aber wir müssen dieses Verhalten lernen und üben, und dabei können uns vertrauenswürdige Leute helfen, so wie es schon mehrfach in diesem Buch beschrieben wurde. Eine besonders günstige Gelegenheit bieten die Therapiegruppen. Manche Leute haben darüber hinaus das Bedürfnis, an einem speziellen Selbstsicherheitstraining teilzunehmen, das an vielen Orten zu einem erschwinglichen Preis angeboten wird.

Bob, ein 30jähriger Buchhalter, der an einer Gruppentherapie für erwachsene Kinder aus gestörten Familien teilnahm, war in der Gruppe scheu, verschlossen und sehr ruhig. Es gelang ihm offenbar nicht, sich den anderen verständlich zu machen, obwohl er sich sehr darum bemühte. Ein Gruppenmitglied, das ein

Transformation

Selbstsicherheitstraining hinter sich hatte, schlug ihm vor, das gleiche zu tun. Danach war Bob bedeutend aktiver und konnte sich sowohl innerhalb als auch außerhalb der Gruppe besser verständlich machen. »Ich habe gelernt, für mich selbst zu sprechen«, berichtete er uns. »Wenn mich jetzt etwas bedrückt oder wenn ich etwas haben möchte, melde ich mich zu Wort. Es fällt mir zwar immer noch nicht leicht, aber ich zwinge mich jetzt dazu. Ich überlege mir vorher genau, was ich sagen will. Und immer, wenn ich dann mit meinem bestimmten Auftreten Erfolg habe, fällt es mir beim nächsten Mal ein bißchen leichter.«

Wenn wir uns verändern und lernen, selbstsicher und bestimmt aufzutreten, kann es geschehen, daß die Menschen um uns herum zunächst von unserer Veränderung abgeschreckt werden. Unter Umständen versuchen sie sogar, uns klarzumachen, daß mit uns irgend etwas nicht stimmt, *weil* wir uns so verändert haben.

Joe, ein 52jähriger verheirateter Mann, Vater eines Kindes, war in einer gestörten Familie groß geworden und hatte große Schwierigkeiten damit, seine persönlichen Grenzen festzulegen – er mischte sich immer in alles ein. In seiner Kindheit und auch noch während eines großen Teils seines Erwachsenenalters war er verwirrt, voller Groll und Trauer. Im Verlauf der Therapie wurde sein Verhalten bestimmter und selbstsicherer. Er sagte:

»Als ich es vor kurzem geschafft habe, mich gegen meinen Vater durchzusetzen, der mich vorher schlecht behandelt hatte, fühlte ich mich gut dabei, weil ich so selbstsicher war. Später sagte meine Mutter, die beobachtet hatte, wie bestimmt ich ihm gegenüber aufgetreten war, zu meiner Schwester: Ich weiß nicht, was seit einiger Zeit mit deinem Bruder Joe los ist. Er ist so anders. Was ist bloß mit ihm los?... so als sei ich verrückt geworden oder sonst was. Wenn ich nicht die Möglichkeit gehabt hätte, mit meiner Frau und mit der Gruppe darüber zu reden, hätte ich wahrscheinlich meiner Mutter geglaubt, daß tatsächlich irgend etwas mit mir nicht stimme und ich auf dem besten Wege sei, verrückt zu werden. Aber ich weiß, daß es anders ist – in Wirklichkeit werde ich immer *gesünder*.«

Joe hat etwas erlebt, was viele Menschen erleben, die sich in Therapie befinden und das Kind in sich heilen. Oft bemerken Leute, die uns entweder schon von früher oder erst seit kurzem kennen, daß wir uns verändert haben. Je nachdem in welcher Phase unserer Heilung wir uns befinden, kann es sein, daß sie bei uns eine bestimmte Veränderung wahrnehmen und Angst bekommen, daß *sie* sich eines Tages auch verändern müßten.

Diese Angst kann bei einigen Menschen so stark werden, daß sie nicht mehr allein damit fertig werden können und sie deshalb auf einen anderen Menschen abladen, und zwar häufig auf denjenigen, bei dem sie die Veränderung bemerkt haben. Es gibt Leute, für die die Veränderung eines anderen Menschen eine Bedrohung darstellt.

Ein individuelles »Grundgesetz«

Während des Transformationsstadiums wird uns nach und nach klar, daß wir gewisse Rechte haben. Als Kinder und möglicherweise sogar noch als Erwachsene hat man uns häufig so behandelt, als hätten wir nur wenige oder gar keine Rechte. Wir haben wahrscheinlich letzten Endes selbst geglaubt, daß wir rechtlos sind, und leben möglicherweise auch heute noch in diesem Bewußtsein.

Wenn wir gesund werden und das Kind in uns heilen, können wir unser eigenes »Grundgesetz« verabschieden. Ich habe die Mitglieder der Gruppen, mit denen ich gearbeitet habe, aufgefordert, sich Gedanken darüber zu machen, welche Rechte sie hätten, und sie gebeten, alles aufzuschreiben und der Gruppe vorzulesen. Hier ist eine Zusammenstellung der Rechte, die verschiedene Gruppen zu Papier gebracht haben.

Meine unveräußerlichen Rechte

1. Ich habe in meinem Leben zahlreiche Wahlmöglichkeiten, abgesehen vom bloßen Überleben.
2. Ich habe das Recht, das Kind in mir zu entdecken und es zu kennen.
3. Ich habe das Recht, das zu betrauern, was ich nicht bekommen habe, obwohl ich es dringend gebraucht hätte, und das, was ich bekommen habe, aber weder brauchte noch haben wollte.
4. Ich habe das Recht, mich an meinen eigenen Werten und Normen zu orientieren.
5. Ich habe das Recht, mein eigenes Wertesystem als angemessen zu betrachten und zu akzeptieren.
6. Ich habe das Recht, *nein* zu sagen, wenn ich das Gefühl habe, daß etwas gefährlich ist, gegen meine Wertvorstellungen verstößt oder wenn ich nicht dazu bereit bin.
7. Ich habe ein Recht auf Würde und Respekt.
8. Ich habe das Recht, Entscheidungen zu treffen.
9. Ich habe das Recht, meine eigenen Prioritäten zu setzen und daran festzuhalten.
10. Ich habe ein Recht darauf, daß andere Menschen meine Bedürfnisse und Wünsche respektieren.
11. Ich habe das Recht, Gespräche mit Leuten zu beenden, die mich demütigen oder herabsetzen.
12. Ich habe das Recht, für das Verhalten, die Aktionen, Gefühle oder Probleme anderer Menschen *nicht* verantwortlich sein zu müssen.
13. Ich habe das Recht, Fehler zu machen, und muß nicht vollkommen sein.
14. Ich habe das Recht, von anderen Menschen zu erwarten, daß sie ehrlich sind.
15. Ich habe ein Recht auf alle meine Gefühle.
16. Ich habe das Recht, wütend auf jemanden zu sein, den ich liebe.

17. Ich habe das Recht, unverwechselbar ich selbst zu sein, ohne das Gefühl haben zu müssen, nicht gut genug zu sein.
18. Ich habe das Recht, Angst zu haben und das auch auszudrücken.
19. Ich habe das Recht, Erfahrungen zu machen und mich anschließend von Ängsten, Schuldgefühlen und Scham zu befreien.
20. Ich habe das Recht, Entscheidungen zu treffen, die entweder auf meinem Gefühl, meiner Beurteilung oder auf irgendeinem anderen Grund, den ich mir selbst ausgesucht habe, basieren.
21. Ich habe das Recht, jederzeit meine Meinung zu ändern.
22. Ich habe ein Recht darauf, glücklich zu sein.
23. Ich habe ein Recht auf Stabilität – d.h. auf meine »Wurzeln« und stabile, gesunde Beziehungen eigener Wahl.
24. Ich habe ein Recht auf den persönlichen Freiraum und die Zeit, die ich brauche.
25. Ich muß nicht lächeln, wenn ich weine.
26. Es ist nicht schlimm, wenn man entspannt, verspielt oder leichtsinnig ist.
27. Ich habe das Recht, flexibel zu sein und mich dabei wohl zu fühlen.
28. Ich habe ein Recht darauf, mich zu verändern und weiterzuentwickeln.
29. Ich habe das Recht, für jede Verbesserung meiner Kommunikationsfähigkeit offen zu sein, damit man mich besser versteht.
30. Ich habe das Recht, Freundschaften zu schließen und mich in Gesellschaft anderer Menschen wohl zu fühlen.
31. Ich habe das Recht, in einer Umgebung zu leben, in der niemand mißbraucht wird.
32. Ich darf gesünder sein als die Leute um mich herum.
33. Ich kann mich um mich selbst kümmern, ganz gleich, was geschieht.
34. Ich habe das Recht, tatsächliche oder drohende Verluste zu betrauern.
35. Ich habe das Recht, den Menschen zu vertrauen, die mein Vertrauen verdienen.
36. Ich habe das Recht, anderen und mir selbst zu verzeihen.
37. Ich habe das Recht, vorbehaltlose Liebe zu geben und zu empfangen.

Denken Sie doch einmal darüber nach, ob Sie alle diese Rechte haben. Ich bin der Überzeugung, daß jedem Menschen jedes einzelne dieser Rechte und noch mehr zustehen.

Während wir uns verwandeln, lernen wir, die Veränderungen in unser Leben zu integrieren.

14

Integration

Im Laufe unserer Veränderungen integrieren wir nach und nach unsere Transformation in unser Leben und *wenden* sie im Alltag an. Integrieren bedeutet, daß wir aus den einzelnen Teilen ein Ganzes machen. Heilung bedeutet, daß wir uns auf die Ganzheit oder Integration zubewegen – daß alles »wieder in Ordnung kommt« (Epstein 1986). Heilung und Integration sind das Gegenteil der Verwirrung des Chaos, das in der Vergangenheit geherrscht hat. Jetzt wenden wir all das an, was wir im Verlauf unserer Therapie gelernt haben, um unser Leben zu verbessern.

Wir sind in dieser Phase nicht mehr desorientiert, und mit der Zeit fällt es uns immer leichter, das anzuwenden, was wir uns erarbeitet und gelernt haben. Wir *tun* jetzt einfach fast automatisch das, was getan werden muß.

In der Integrationsphase sind wir ganz einfach der, der wir sind, und sind nicht der Meinung, daß wir uns dafür bei irgend jemandem entschuldigen müßten. Wir können uns jetzt entspannen, spielen und uns des Lebens freuen, ohne hinterher Schuldgefühle haben zu müssen. Gleichzeitig haben wir gelernt, Grenzen zu ziehen, wenn es der Befriedigung unserer Bedürfnisse dient. Wir kennen unsere Rechte und verhalten uns entsprechend.

Wir können jetzt beginnen, ein Bild zusammenzusetzen, das uns den Heilungsprozeß des Kindes in uns verdeutlichen wird. (Abbildung 3). In dieser Illustration erkennen wir, daß die Heilung kein statisches Ereignis ist. Sie widerfährt uns nicht ohne weiteres, so daß wir gleich anschließend anfangen können, das Leben zu genießen. Unsere Heilung hat nichts mit dem Alles-oder-nichts-Prinzip zu tun. Sie stellt einen *Prozeß* der, der sich auch im Hier und Jetzt und immer wieder in einem Hier und Jetzt vollzieht.

Wir erwachen während unserer Heilung nicht nur einmal. Wir erwachen immer wieder. Und wir wagen auch nicht nur einmal etwas und erzählen unsere Geschichte. Wir erzählen sie immer wieder, wenn es uns hin und wieder schlechtgeht, wenn wir uns weiterentwickeln und uns – im großen und ganzen – unseres Lebens freuen.

Wir beginnen jetzt, unsere Verluste aus der Vergangenheit und Gegenwart zu identifizieren und zu betrauern, in dem Maße, in dem uns bewußt werden. Und wenn unsere Kernprobleme an die Oberfläche kommen, reden wir über sie und verarbeiten sie. Es kann sein, daß wir bei der Identifizierung unserer Probleme feststellen, daß zwei von ihnen besonders häufig auftreten: das Denken und Handeln in Alles-oder-nichts-Kategorien und das Problem der Kontrolle. Es hängt von der Anzahl und der Intensität unserer nicht betrauerten Verluste ab, wie häufig wir uns diese Art des Denkens und das entsprechende Verhalten zu eigen gemacht haben, um unser Überleben zu sichern (siehe Abb.3, oben links). Als kleines Kind hatten wir kaum eine andere Möglichkeit. Jetzt in der Transformations- und Integrationsphase beginnen wir jedoch, uns davon zu befreien. Und gleichzeitig erkennen wir dabei, daß auch unser Bedürfnis, alles unter Kontrolle zu halten, allmählich schwächer wird.

Wir können jetzt unsere Bedürfnisse identifizieren und wissen, wie wir Mittel und Wege finden, sie auf eine gesunde Weise zu befriedigen. Und wir fangen an zu üben, mit uns selbst identisch zu sein, indem wir uns zu unserem wahren Selbst bekennen.

Die Heilung des Kindes in uns verläuft in der Regel nicht so linear wie in Abbildung 3. Sie nimmt einen wellen- oder kreisförmigen Verlauf und geht dann – genau wie unsere Geschichte – in eine Spirale über. Jedesmal, wenn wir eine Geschichte, d.h. eine bestimmte »Episode« unserer Lebensgeschichte, zu Ende gebracht und integriert haben, bekommen wir die Möglichkeit, eine neue,

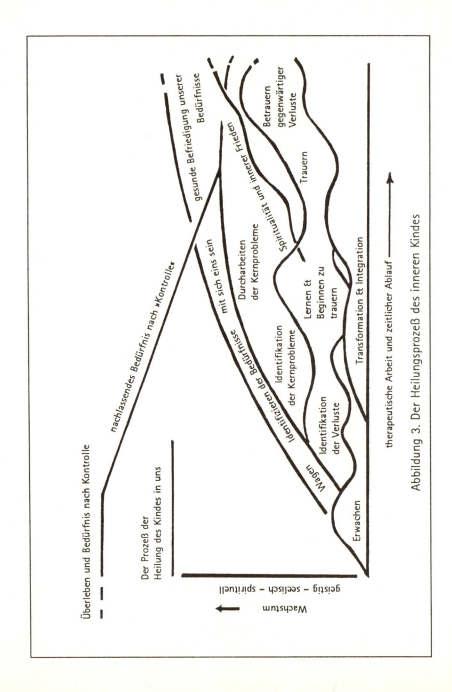

Abbildung 3. Der Heilungsprozeß des inneren Kindes

Integration

größere und noch wahrere oder ehrlichere Geschichte zu schaffen. Und diese Wahrheit und Ehrlichkeit hat auch etwas mit unserer Identität zu tun, und zwar damit, daß wir der sind, der wir sind. Im Laufe unseres Lebens und unserer Entwicklung kreieren wir immer größere Geschichten und integrieren sie dann in unser Leben (siehe Abbildung 4).

Während unserer Heilung, Integration und Weiterentwicklung haben wir oft den Eindruck, eine Regression oder einen Rückfall zu erleben. Manchmal befürchten wir dann, das Erreichte wieder verloren zu haben, und sind verwirrt, verzweifelt. Das ist ein entscheidender Punkt in unserer Geschichte und unserem Leben. Wir bekommen nämlich die Gelegenheit, etwas Wichtiges über das Kind in uns zu erfahren. Denn wenn wir mit unseren Gefühlen und unserem Erleben im Hier und Jetzt bleiben, auch wenn alles verloren zu sein scheint, werden wir mit großer Wahrscheinlichkeit wieder einmal feststellen können, daß es nur einen Ausweg aus den Schmerzen gibt und daß dieser direkt *durch sie hindurch* führt. Wir können uns selbst helfen, indem wir uns selbst treu bleiben und die damit verbundene Geschichte anderen vertrauenswürdigen Menschen erzählen.

Es kann uns allerdings auch weiterhelfen, wenn wir unseren Schmerz und unsere Freude allein erleben. Wenn wir mit uns allein sind, denken wir darüber nach, daß es im Leben etwas gibt, das mächtiger ist als wir. Auch wenn uns das schwerfallen mag, sollten wir mutig genug sein, uns in einen Zustand der Verinnerlichung, Demut und Hingabe zu versetzen und etwa zu bitten: »Wenn es einen Gott oder eine höhere Macht gibt, bitte hilf mir!«

Inzwischen ist uns der Prozeß vertraut. Er stellt nicht nur unsere Geschichte dar, sondern besteht darüber hinaus aus der Identifizierung eines Verlustes, wann immer er auch eintreten mag, und aus dem damit verbundenen Trauerprozeß. Wenn wir den Verlust betrauern und unsere Geschichte erzählen, können wir eine neue Möglichkeit ins Auge fassen – die Möglichkeit, Abstand zu gewinnen und eine *Beobachterposition* einzunehmen. Wenn unser Abstand noch größer wird und wir das Leben aus dieser Position betrachten, erkennen wir nach und nach eine Struktur, die aus *vielen* Geschichten besteht und sich

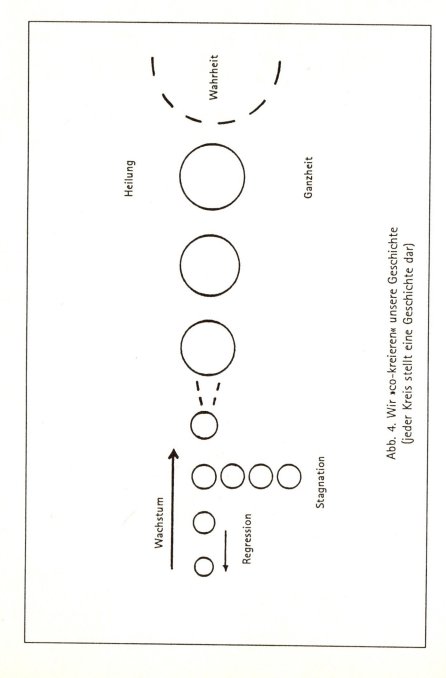

Abb. 4. Wir »co-kreieren« unsere Geschichte (jeder Kreis stellt eine Geschichte dar)

Integration

wie Ebbe und Flut hin und her bewegt und sich dabei ständig erweitert und nach oben bewegt (Abb. 5). Und nach einer gewissen Zeit ist das unsere Heilung und unser Wachstum.

Um als Kind in unserer Welt überleben zu können, mußten wir uns damit abfinden, daß man uns schlecht behandelte, wir hatten keine andere Wahl. Das ist jetzt anders.

Integration wird nach einer etwa drei- bis fünfjährigen, umfassenden Therapie erreicht. Wenn wir jetzt wieder einmal unter Streß geraten und dadurch in ein Stadium zurückgeworfen werden, in dem es nur noch um unser Überleben zu gehen scheint, haben wir die Möglichkeit, wach zu werden, sofort das Kernproblem zu erkennen und schnell den Transformationszyklus hinter uns zu bringen. Wir müssen jedoch dabei immer darauf achten, was mit uns geschieht und wie wir verhindern können, daß man uns schlecht behandelt. Und wir dürfen nie vergessen, daß wir jetzt Grenzen ziehen können und über neue Möglichkeiten verfügen. Wir brauchen unsere Kräfte nicht mehr zu verschwenden, indem wir etwas ablehnen oder verleugnen, denn wir empfinden und sehen die Dinge inzwischen so, wie sie wirklich sind. Im Gegensatz zu früher stecken wir jetzt nur noch eine sehr kurze Zeit fest.

Wir brauchen nicht mehr bewußt darüber nachzudenken, was geschieht – auch wenn das nicht schlimm wäre, denn jetzt tun wir es einfach. Wir machen den Anspruch auf unser wahres Selbst und auf unsere Identität geltend, und wir wollen auch selbst entscheiden, in welchen Situationen und bei welchen Leuten wir *nicht* mit uns selbst identisch sein wollen. Wenn wir einen Verlust erleben, verängstigt und beunruhigt sind oder eine Regression in eine frühere Altersstufe durchmachen, beginnen wir damit einen neuen Zyklus. Das kann manchmal schnell gehen oder aber auch etwas länger dauern.

Wir grenzen uns von den anderen Menschen in angemessener Weise ab. Wenn uns jemand brutal überfahren will oder uns ignoriert, sagen wir entweder: »Das kannst du mit mir nicht mehr machen«, oder wir gehen ganz einfach. Wir bleiben nicht mehr im Regen stehen und tun so, als würden wir nicht naß. Wir sind jetzt weder Opfer noch Märtyrer.

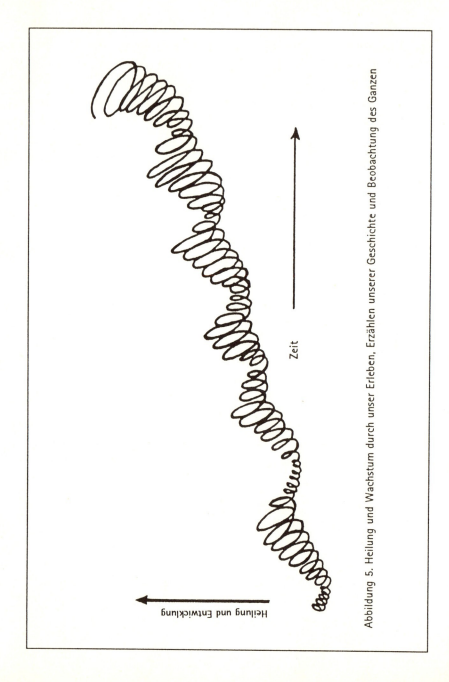

Abbildung 5. Heilung und Wachstum durch unser Erleben, Erzählen unserer Geschichte und Beobachtung des Ganzen

Integration

Das folgende Gedicht von Portia Nelson faßt unsere Reise zur Heilung des inneren Kindes zusammen:

Autobiografie in fünf kurzen Kapiteln

1. Ich gehe die Straße entlang.
   Im Bürgersteig ist ein tiefes Loch.
   Ich falle hinein.
   Ich bin verloren... hoffnungslos..
   Es ist nicht meine Schuld.
   Es dauert ewig, bis ich einen Ausweg gefunden habe.

2. Ich gehe die gleiche Straße entlang.
   Im Bürgersteig ist ein tiefes Loch.
   Ich tue so, als sähe ich es nicht.
   Ich falle wieder hinein.
   Ich kann nicht glauben, daß ich an der gleichen Stelle bin.
   Aber es ist nicht meine Schuld.
   Es dauert immer noch lange, bis ich einen Ausweg gefunden habe.

3. Ich gehe die gleiche Straße entlang.
   Im Bürgersteig ist ein tiefes Loch.
   Ich sehe es.
   Trotzdem falle ich hinein... ich habe mich daran gewöhnt.
   Meine Augen sind offen.
   Ich weiß, wo ich bin.
   Es ist meine Schuld.
   Ich klettere sofort wieder hinaus.

4. Ich gehe die gleiche Straße entlang.
   Im Bürgersteig ist ein tiefes Loch.
   Ich gehe darum herum.

5. Ich gehe eine andere Straße entlang.

Portia Nelson, 1980

15

Die Rolle der Spiritualität

Spiritualität im Zusammenhang mit der Heilung ist ein so umfassendes Thema, daß ich hier nur kurz darauf eingehen kann. Sie stellt jedoch bei der Heilung des inneren Kindes eine große Hilfe dar – manche behaupten sogar, sie sei entscheidend.

Spiritualität ist die letzte »Stufe« unserer Heilung, obwohl sie paradoxerweise niemals eine Stufe sein kann, da es sich bei ihr um einen fortschreitenden Prozeß handelt, der sich durch unser Leiden, unsere Heilung und unseren inneren Frieden hindurchzieht.

Wir versuchen, Spiritualität zu definieren

Eine der vermutlich kürzesten Definitionen der Spiritualität beschreibt sie als die Gesamtheit der *Beziehungen*, die wir zu uns selbst, zu anderen Menschen und zum Universum haben. Sie ist durch einige Schlüsselbegriffe und Prinzipien gekennzeichnet, zu denen unter anderem ihr *paradoxes* Wesen gehört. Scheinbar entgegengesetzte Bedingungen, Zustände oder Erlebnisse existieren problemlos Seite an Seite. So ist Spiritualität zum Beispiel sowohl *subtil* als auch *mächtig*. Sie ist wie unser Atem. Wir nehmen ihn den ganzen Tag über kaum wahr, würden aber sterben, wenn wir aufhören würden zu atmen.

Die Rolle der Spiritualität

Spiritualität ist *personal*. Jeder von uns muß sie selbst auf seine eigene Art und Weise entdecken. Sie ist im höchsten Grade *nützlich*, da sie das ganze Spektrum der Lebensprobleme betrifft, angefangen damit, daß wir ein elementares Vertrauen lernen müssen bis zur Befreiung von unseren Leiden. Darüber hinaus ist Spiritualität *empirisch*. Um sie würdigen zu können, müssen wir sie benützen; um sie zu erfassen, müssen wir sie erleben. Wir können sie nicht mit unserem Intellekt oder mit Hilfe unserer Logik bis ins letzte erfassen. Man kann sie nicht erkennen, sondern nur leben.

Spiritualität kann man *nicht beschreiben*. Sie ist so unendlich groß, daß wir sie selbst dann nicht vollständig ausloten könnten, wenn wir alle heiligen Bücher der Welt gelesen und allen großen Meistern der Spiritualität zugehört hätten. Spiritualität ist *allumfassend* und *hilfreich*, sie weist nichts und niemanden zurück. Und hier kommen die Religionen und Kirchen ins Spiel, denn sie sind ein Teil der Spiritualität. Das heißt aber nicht, daß *Spiritualität mit organisierter Religion identisch ist*, sie schließt sie ein, unterstützt und transzendiert sie letzten Endes.

Sie hat *Heilkraft, leitet Entwicklungen ein* und bringt dem Menschen daher letztlich *die Erfüllung*. Die Entdeckungsfahrt oder die Reise zur Heilung, wie sie in diesem Buch beschrieben wird, ist tatsächlich und im tiefsten Sinne eine spirituelle Reise, auch wenn wir das in der Regel zu Anfang nicht erkennen können. Wir beginnen mit der Heilung, arbeiten jedes einzelne Stadium durch und wenden uns dann dem nächsten zu. Und obwohl wir so von Stufe zu Stufe fortschreiten, verlassen wir die vorherigen Stufen nicht, sondern *transzendieren* sie. Auch wenn wir sie immer noch in angemessener Weise respektieren und spontan benützen, leben wir doch inzwischen auf einer völlig neuen Bewußtseinsebene und einer neuen Ebene des Seins. Und die verschiedenen Ebenen des Bewußtseins entsprechen den verschiedenen Stufen unseres spirituellen Weges.

Wir betrachten unseren »spirituellen Weg«

In den 40er und 50er Jahren stellte Maslow eine Hierarchie der menschlichen Bedürfnisse zusammen (siehe Tabelle 14). Das sind von unten nach oben: 1. physiologisches, elementares Funktionieren oder Überleben, 2. Sicherheit, 3. das Gefühl der Zusammengehörigkeit und Liebe, 4. Selbstverwirklichung, d.h. das wahre Selbst erkennen können und sich mit ihm wohl fühlen, und 5. Transzendenz oder Spiritualität, d.h. die vollständige Verwirklichung unseres wahren oder höheren Selbst. Diese Bedürfnisse entsprechen denen, die wir im 4. Kapitel und in Tabelle 2 beschrieben haben, in der unsere Bedürfnisse in detaillierter Form aufgelistet sind. Sie stehen darüber hinaus auch in einem Zusammenhang mit der Entdeckung und Heilung des Kindes in uns, wie sie immer wieder in diesem Buch beschrieben wird. Und schließlich entsprechen sie auch den Ebenen des menschlichen Bewußtseins.

Während wir lernen, unsere Reise zur Heilung auf diese drei verschiedenen Arten zu betrachten, zu begreifen und zu planen, erkennen wir, daß es sich dabei immer um eine ähnliche, wenn nicht sogar die gleiche Reise handelt, die wir nur in einem anderen Licht betrachten. Die drei Arten entsprechen außerdem dem Weg der 12-Schritte-Therapie: zunächst den aktiven Alkoholismus (oder die Drogenabhängigkeit, die Co-Abhängigkeit, die Eßsucht oder andere Fehlhaltungen und Leiden) zu überleben, dann das Eingestehen des Problems und schließlich die Veränderung, die die Isolation beendet und es dem Menschen ermöglicht, sich mitzuteilen, wobei auch eine höhere Macht mit einbezogen werden kann. Anschließend kommen bei der Durcharbeitung der 12 Schritte die Selbstprüfung, die Katharsis und die Persönlichkeitsveränderung, dann die Verbesserung der Beziehungen, die Unterstützung anderer Menschen und letzten Endes die Entdeckung des inneren Friedens, der Gelassenheit.

Während wir durch die Heilung des inneren Kindes wachsen, stellen wir fest, daß unser Kind nicht nur auf ein, zwei Ebenen des Seins und des Bewußtseins beschränkt ist, sondern gleichzeitig auf allen sieben Ebenen existiert, die in Tabelle 15 angegeben sind.

Tabelle 14. Ähnliche Hierarchien menschlicher Bedürfnisse, Entwicklungsphasen und Bewußtseinsebenen

Bedürfnisse nach Maslow	Heilung des Kindes in uns	Bewußtseinsebene
Transzendenz	Nutzung der Spiritualität	Einheit
		Mitgefühl
	Integration	Verständnis (Kreativität, natürliches Wissen)
Selbstverwirklichung	Transformation	Akzeptieren durch Konflikt (Herz)
	Bearbeitung der Kernprobleme (Analyse)	»Macht« (Verstand, Ich, Identität)
Zugehörigkeit und Liebe	Erwachen (entstehendes Bewußtsein)	
Sicherheit		Leidenschaft (Gefühle, elementare Sexualität)
physiologisches Überleben	Überleben	Überleben (Nahrung, Unterkunft, Gesundheit)

Der hilflose Säugling

Wenn wir Tabelle 15 von unten nach oben lesen, erkennen wir, daß ein Teil des Kindes in uns ein hilfloser Säugling ist. Er hat den Wunsch und das Bedürfnis, umsorgt und ernährt zu werden. Beim Durchlaufen der verschiedenen Entwicklungszyklen brauchen wir zu Anfang Liebe, Fürsorge und Nahrung. Erst wenn diese Bedürfnisse befriedigt worden sind, sind wir bereit, zur nächsten Entwicklungsstufe fortzuschreiten. Da die Bedürfnisse vieler Kinder, die vernachlässigt und schlecht behandelt worden sind, nicht adäquat befriedigt wurden, konnten sie ihre Entwicklung auf dieser Ebene nicht abschließen. Es gehört zu unserem Heilungsprozeß, daß wir lernen, dafür zu sorgen, daß unsere Bedürfnisse befriedigt und wir so versorgt werden, daß wir dieses Stadium in unserem Zyklus noch einmal durchlaufen können, um Unerledigtes zu erledigen und unsere Entwicklung auf dieser Stufe endgültig abschließen zu können.

Wir erkennen außerdem, daß es nur einen einzigen Menschen gibt, der dafür sorgen kann, daß unsere Bedürfnisse befriedigt werden, und das sind *wir selbst*. Wir können das allerdings nur als wahres und nicht als co-abhängiges Selbst. Das Kind in uns ist also gleichzeitig unser Versorger *und* der hilflose Säugling, der so dringend versorgt werden muß, und es umfaßt auch noch alle anderen Teile von uns. *Wir sind unsere eigenen Versorger.* Wir müssen sicherstellen, daß wir das bekonmmen, was wir brauchen. Wir können uns gelegentlich von anderen Menschen dabei helfen lassen, grundsätzlich müssen wir aber selbst dafür sorgen, daß unsere Bedürfnisse (vgl. Tabelle 2 in Kapitel 4) befriedigt werden.

Tabelle 15. Ebenen des Seins und Bewußtseins des Kindes in uns

---

- vorbehaltlos liebendes Kind
- mitfühlendes Kind
- schöpferisches Kind
- strebendes, wachsendes Kind
- vernünftig denkendes Kind
- fühlendes Kind
- hilfloser Säugling

Die Rolle der Spiritualität

Das fühlende Kind

Das fühlende Kind in uns ist voller Gefühle und Emotionen. So wie alle anderen sechs Seinsebenen des Kindes in uns ist auch diese Ebene mit allen anderen verbunden. Unser fühlendes Kind läßt uns wissen, wann wir uns um etwas kümmern müssen, wann möglicherweise etwas nicht in Ordnung ist, zum Beispiel eine tatsächliche Gefahr oder eine Verletzung droht, oder wann wir mit etwas Angenehmem rechnen können. Es kann aber auch sein, daß eine Gefühlsreaktion aus der Vergangenheit auftaucht. Aber ganz gleich, was es ist, wir achten jetzt darauf (siehe 10. Kapitel über Gefühle).

Das vernünftig denkende Kind

Unser vernünftig denkendes Kind ist mit unserem Ich, unserem Verstand oder unserem Selbst verwandt. Es ist das, was viele Menschen für ihr Selbst, für ihre »Identität« halten. Es wird fälschlich oft als Sitz der »Macht« angesehen. In Wirklichkeit ist es jedoch nur ein Teil von uns.

Unser vernünftig denkendes Kind ist womöglich der Teil unseres wahren Selbst, der in direkter Verbindung mit unserem co-abhängigen Selbst steht. Man könnte sogar sagen, daß sie Freunde sind. Es versteht unser co-abhängiges Selbst besser als jeder andere und ist in der Lage, mit ihm zusammenzuarbeiten, wenn wir unser co-abhängiges Selbst einmal *brauchen*. Bei vielen Menschen sind das vernünftig denkende Kind und das co-abhängige Selbst übertrieben stark ausgeprägt oder überentwickelt.

Bei unserer Heilung bringen wir andere Teile des Kindes in uns ins Spiel, werden ausgeglichener, integrierter, individuierter und vollständiger.

Das strebende, wachsende Kind

Das strebende, sich entwickelnde Kind in uns entspricht der »Herz«-Ebene des Bewußtseins und ist der Schlüssel zu unserem höheren Selbst und zum Erreichen des inneren Friedens und der Gelassenheit. Es ist das Bindeglied zwischen unserem höheren und dem niederen Selbst und läßt sich vielleicht am besten mit dem Begriff »Akzeptanz durch Konflikt« beschreiben. Das heißt, wir lernen, das zu akzeptieren, »was ist«, indem wir es zunächst wahrnehmen und uns bewußtmachen, dann die Schmerzen verarbeiten *oder* die Freude genießen und schließlich Frieden damit schließen. Man kann diesen Vorgang mit dem Trauerprozeß gleichsetzen, mit dem Prozeß des Verzeihens – dem Loslassen, Überlassen, Nichtanhaften und mit dem Prozeß, in dessen Verlauf wir unsere Geschichte erzählen, denn das Kind in uns *benützt* diese Prozesse, um Akzeptanz zu lernen und zu wachsen.

Das schöpferische Kind

Haben Sie jemals das Gefühl gehabt oder *gewußt*, daß etwas wahr oder richtig war, ohne eine logische Erklärung dafür zu brauchen? Das schöpferische Kind in uns macht sich ein Phänomen zunutze, das Männer »Ahnungen« oder »Denken mit dem Bauch« und Frauen »Intuition« nennen und das beiden als Lebenshilfe dient. Es handelt sich dabei um den Teil unseres Selbst, der über ein natürliches, immanentes Wissen verfügt. Es kommt immer wieder vor, daß wir einen zündenden Gedanken oder einen schöpferischen Einfall haben, den wir diesem Teil des Kindes in uns verdanken. Man kann ohne Übertreibung sagen, daß der größte Teil der Errungenschaften der Kunst, der Wissenschaft, der Literatur und des Theaters hier ihren Ursprung haben.

Es kann allerdings vorkommen, daß unser co-abhängiges Selbst sich als das schöpferische Kind in uns ausgibt und uns mit seinen »Intuitionen« in die Irre führt. Wir müssen aus diesem Grund alle unsere Einfälle oder Intuitionen überprüfen, um festzustellen, wie sie sich bewähren. Wenn sie gut für uns sind, stammen sie wahrscheinlich von dem schöpferischen Kind in uns. Wenn nicht, sind sie vermutlich das Werk unseres falschen Selbst. Es gibt zu diesem Thema verschiedene Bücher wie zum Beispiel *Awakening Intuition* von Frances Vaughan oder *Alcoholism and Spirituality* von mir selbst.

Die Rolle der Spiritualität

Das mitfühlende Kind

Haben Sie schon einmal einem anderen Menschen zugehört, der Ihnen seine Geschichte erzählte und Sie damit zu Tränen rührte? Und obwohl Sie ganz genau wußten, daß dieser Mensch gelitten und/oder Freude erlebt hat, war Ihnen klar, daß es keinen Sinn hätte, den Versuch zu machen, ihn zu retten, ihm zu helfen oder ihn zu verändern. Wenn wir so etwas erleben, haben wir direkten Kontakt mit dem mitfühlenden Kind in uns. Dann *sind* wir das mitfühlende Kind.

Das mitfühlende Kind in uns ist in gewisser Weise ein Spiegelbild oder das direkte Gegenstück des leidenschaftlichen Kindes in uns, das immer versucht, etwas in Ordnung zu bringen, zu retten oder andere Menschen zu verändern, so wie das schöpferische Kind in uns das Spiegelbild des vernünftig denkenden Kindes, und das vorbehaltlos liebende Kind in uns das Spiegelbild des hilflosen Säuglings ist (Tabelle 15).

Das vorbehaltlos liebende Kind

Das ist der Teil unseres Selbst, der für viele von uns sehr schwer zu verstehen und zu realisieren ist. Man hat uns als Kind womöglich so schlecht behandelt – und bei einigen von uns trifft das auch heute noch zu –, daß wir nicht in der Lage sind, uns selbst oder einen anderen Menschen vorbehaltlos zu lieben. Weil uns das so schwerfällt und weil ich der Meinung bin, daß sich hier ein Grundproblem der Therapie erwachsener, traumatisierter Kinder zeigt, möchte ich auf dieses Thema ausführlicher eingehen.

Liebe und vorbehaltlose Liebe

Viele Menschen, die schlecht behandelt worden sind, leiden unter einem schwach ausgeprägten Selbstwertgefühl und glauben von sich, sie seien schlecht und wertlos. Diese Einstellung findet man auch bei Menschen, die unter Alkoholismus, Drogenabhängigkeit, Co-Abhängigkeit, einer Eßstörung oder einer ähnlichen Krankheit leiden und sich als Opfer fühlen. Das Ganze hängt mit verschiedenen wichtigen Faktoren zusammen, zu denen die Unfähigkeit, den Alkoholkonsum, Drogenkonsum, das Essen, andere Menschen und vieles mehr unter Kontrolle halten zu können, gehört. In solchen Menschen wächst die Überzeugung, daß sie nicht wert sind, geliebt zu werden.

Um nicht das Gefühl zu bekommen, nicht liebenswert zu sein, reden wir uns ein, wir könnten *ohne* Liebe leben. Das heißt anders ausgedrückt: »Ich möchte nicht geliebt werden« und schließlich: »Ich werde jede Liebe zurückweisen, ganz gleich, wer sie mir entgegenbringt« (Gravitz, Bowden 1985). Das führt dann zu einem »Einfrieren« der Gefühle oder zu der Unfähigkeit, intensive Gefühle einschließlich der Liebesgefühle erleben zu können.

Im Laufe des Heilungsprozesses kommt es häufig vor, daß wir die vorbehaltlose Liebe einer Selbsthilfegruppe, einer Therapiegruppe, eines Therapeuten, Sponsors oder eines guten Freundes erfahren und ihre heilende Wirkung erleben. Sie ist zwar das stärkste Heilmittel, das uns zur Verfügung steht, aber selbst wenn wir so vorbehaltlos geliebt werden, dauert es mehrere Jahre, bis wir wieder gesund werden und gesund bleiben. Und dann können wir selbst anfangen, andere Menschen zu lieben.

Ein Problem, das viele von uns haben, besteht darin, daß wir Liebe nur in einem begrenzten Sinne begreifen, so zum Beispiel als Verliebtheit. In der Therapie lernen wir, daß Liebe nicht nur ein Gefühl ist. Sie ist vielmehr eine *Kraft, die sich durch die Verpflichtung und den Willen ausdrückt, alle Anstrengungen zu unternehmen, um die eigene Entwicklung oder die eines anderen Menschen zu fördern*, das schließt körperliche, geistige, seelische und spirituelle Dimensionen ein.

Die Rolle der Spiritualität

Wenn wir uns im Verlauf unseres Heilungsprozesses weiterentwickeln, können wir mit der Zeit erkennen, daß es mehrere Arten der Liebe gibt. Ich habe sie entsprechend der sieben Ebenen des Bewußtseins in Tabelle 16 dargestellt. Bei dieser Betrachtungsweise sehen wir, daß Liebe für das niedere Selbst Bedürftigkeit, »Körperchemie« oder Verliebtheit, Besitz, große Bewunderung oder womöglich sogar Anbetung bedeutet – kurz: Liebe im althergebrachten romantischen Sinn. Viele Menschen, die in einem gestörten Elternhaus groß geworden sind und deren inneres Kind unterdrückt worden ist, bleiben auf diesen unteren Ebenen oder Arten des Erlebens der Liebe stecken. Wenn wir jedoch das Kind in uns heilen, entdecken wir nach und nach höhere Formen der Liebe, das heißt, wir erarbeiten sie uns und transzendieren so die niederen Ebenen. Dazu zählen: Liebe trotz Konflikt; Verzeihen; Vertrauen; die Verpflichtung, die eigene Entwicklung und die der geliebten Person zu fördern; vorbehaltlose Empathie und Akzeptanz und ein reines, friedliches Sein. Wenn wir erkennen, erleben und loslassen können und die spirituellen Übungen anwenden, wie sie von vielen Leuten beschrieben und gelehrt werden, können wir uns allmählich der Liebe, die in jedem von uns verborgen ist, öffnen.

Zum Schluß lernen wir dann noch, daß Liebe das ist, was wir und unsere höhere Macht, so wie jeder einzelne sie begreift, dazu benützen, um uns wieder gesund zu machen. Es ist das, was letzten Endes in jeder Gruppen- oder Einzeltherapie, in Freundschaften, bei der Meditation und beim Gebet die Heilung bringt. *Wir brauchen jetzt keine Angst mehr vor der Liebe zu haben und müssen nicht mehr vor ihr weglaufen, denn wir wissen jetzt, daß sie der Kern und der heilende Teil des Kindes in uns ist.*

Das beobachtende Selbst

Im weiteren Verlauf unserer Entwicklung und Heilung stellen wir fest, daß es in uns einen Teil gibt – vermutlich im höheren Selbst des Kindes in uns –, der sich von allem distanzieren kann und das, was in unserem Leben geschieht, aus

Tabelle 16. Klinisch-therapeutische Eigenschaften der 4. bis 7. Ebene des Selbst (Liebe, Wahrheit, Heilung und Kraft) in bezug auf die 7 Ebenen des menschlichen Bewußtseins

Ebenen des Bewußtseins	Liebe	Wahrheit	Heilung	Kraft
7. Bewußtsein der Einheit	friedliches Sein	friedliches Sein	friedliches Sein	friedliches Sein
6. Mitgefühl	vorbehaltlose Empathie und Akzeptanz	Liebe und Akzeptanz	Liebe und Akzeptanz	Liebe und Akzeptanz
5. Verständnis	Verpflichtung zum Wachstum	Weisheit	Kreativität	richtige Entscheidung
4. Akzeptanz/ Herz	Versöhnlichkeit, Verzeihen	Versöhnlichkeit	Versöhnlichkeit	Versöhnlichkeit
3. Verstand/ Ich	Anbetung, Besitz	Bestimmtheit, Überredung	Erfahrung, Überzeugungen	Prävention, Bildung, Psychologie
2. Leidenschaft	»Körperchemie«	Manipulation	Empfindungen	Pflege und Fürsorge
1. Überleben	Bedürftigkeit	Körperkraft	Wissenschaft	körperliche Gesundheit

Die Rolle der Spiritualität

einem gewissen Abstand verfolgt und beobachtet. So haben viele Leute die Erfahrung gemacht, daß sie zunächst sehr aufgeregt und beunruhigt waren und sich dann in einer Weise von ihrer Aufregung und ihren Gefühlen distanzieren konnten, daß sie in der Lage waren, sich selbst in ihrer Krise zu beobachten. Manche berichten, sie könnten ihren Körper verlassen, so daß sie sich selbst oder eine Spiegelung ihres Selbst in all seiner Aufgeregtheit beobachten können. Man kann diese Fähigkeit kultivieren, indem man Übungen mit gelenkter Imagination oder eidetischen Bildvorstellungen und Visualisationen macht. Mit geschlossenen Augen stellt man sich die betreffende Szene oder den Vorgang bildlich vor und kann sich dann anschließend ebenfalls eine positive Lösung dieser kritischen Situation vorstellen. Das Ganze kann auch im Rahmen einer Meditationsübung stattfinden und stellt eine heilsame Übung dar, vorausgesetzt es wird auf konstruktive Weise angewandt.

Deikman (1982) und andere haben diese starke, befreiende Kraft unseren »Beobachter« oder unser »beobachtendes Selbst« genannt. In der psychologischen Literatur der westlichen Welt wird dieses beobachtende Selbst als »beobachtendes Ich« bezeichnet, aber man findet keine Untersuchungen über das Wesen dieses »Ichs« und über die Implikationen im Hinblick auf das Verständnis des Selbst. In der Literatur fehlen Erkenntnisse über die Dynamik, die Bedeutung und die Wichtigkeit des beobachtenden Selbst, und die verschiedenen Theorien vermitteln einen ziemlich konfusen Eindruck.

Das beobachtende Selbst ist ein zentraler Faktor unserer Heilung, wie es in Abbildung 6 dargestellt wird. Hier erkennen wir die Beziehungen zwischen dem Selbst (oder dem »Objekt-Selbst«) und dem beobachtenden Selbst. Das Selbst ist für das Denken, Fühlen, Handeln, Wünschen und andere Aktivitäten zuständig, die mit dem Überleben zusammenhängen. (Dieses ältere und weniger brauchbare Konzept des Selbst schließt sowohl Teile des falschen als auch des wahren Selbst ein.) Das beobachtende Selbst beobachtet jedoch als ein Teil dessen, was wir wirklich sind, sowohl das falsche als auch das wahre Selbst. Man kann sagen, daß es uns sogar beim Beobachten beobachtet. Es *ist* unser Bewußtsein, es ist der Kern des Erlebens des Kindes in uns. Es kann daher selbst nicht beobachtet werden – zumindest von nichts und niemandem auf dieser Welt. Es transzendiert unsere fünf Sinne, unser co-abhängiges Selbst und alle anderen niederen, wenn auch unverzichtbaren Teile von uns.

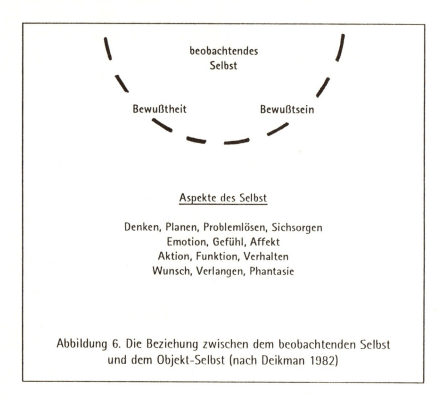

Abbildung 6. Die Beziehung zwischen dem beobachtenden Selbst und dem Objekt-Selbst (nach Deikman 1982)

Erwachsene Kinder können ihr beobachtendes Selbst durch einen Abwehrmechanismus verwirren, mit dem sie möglicherweise früher ihr wahres Selbst und alle Gefühle, die mit ihm verbunden sind, verleugnet haben. Man könnte diesen Abwehrmechanismus »falsches beobachtendes Selbst« nennen, denn seine Wahrnehmungsfähigkeit ist getrübt. Es kann sich schlecht konzentrieren und neigt dazu »auszuflippen« oder in einen Zustand der Benommenheit zu ver-

Die Rolle der Spiritualität

sinken. Es verleugnet das Kind in uns, verzerrt es und verurteilt es häufig. Im Gegensatz dazu hat das wahre beobachtende Selbst ein ungetrübtes Wahrnehmungsvermögen, erkennt alles genauer und hat eine eher akzeptierende Einstellung. Die folgende Aufstellung verdeutlicht diese Unterschiede.

Unterschiede zwischen dem wahren und dem falschen beobachtenden Selbst

	wahres Selbst	falsches Selbst
Wahrnehmungsfähigkeit	klar	getrübt
Konzentration	beobachtet	»flippt aus« oder ist benommen
Gefühle	nimmt korrekt wahr	verleugnet
Einstellung	akzeptiert	verurteilt

Wenn wir unser Bewußtsein erweitern, werden wir sehr bald erkennen, welche Rolle wir im umfassenderen, »kosmischen« Drama spielen. Wenn wir uns darüber klarwerden, daß wir wirklich »Theater spielen« und unseren eigenen Auftritt verfolgen, lernen wir mit der Zeit, daß unser beobachtendes Selbst der Teil von uns ist, der Abstand gewinnen und dem Auftritt zuschauen kann, indem er sich unsere Vorstellungskraft zunutze macht. Das hat zur Folge, daß wir oft einen sehr wirkungsvollen Abwehrmechanismus ins Spiel bringen, nämlich unseren Humor, der es uns möglich macht, über uns selbst zu lachen und nicht alles so ernst zu nehmen.

Deikman (1982) sagte: »Das beobachtende Selbst ist kein Teil der Objektwelt, wie sie sich durch unsere Gedanken und die sinnlichen Wahrnehmungen bildet, denn es hat im Gegensatz zu allem anderen im wahrsten Sinne des Wortes keine Grenzen. Aus diesem Grund enthält unser Alltagsbewußtsein ein transzendentes Element, das wir nur selten bemerken, weil dieses Element die eigentliche Grundlage unseres Erlebens ist. Das Wort ›transzendent‹ ist gerechtfertigt, denn wenn subjektives Bewußtsein – das beobachtende Selbst – selbst nicht beobachtet werden kann, muß es folglich einer anderen Ordnung angehören als alles andere. Seine Andersartigkeit offenbart sich uns, wenn wir uns bewußtmachen, daß das beobachtende Selbst keine Eigenschaften hat; es wird von der Welt genausowenig berührt wie ein Spiegel durch die Bilder berührt wird, die er zurückwirft.«

Während unser beobachtendes Selbst immer deutlicher hervortritt, tritt unser niederes oder Objekt-Selbst immer mehr in den Hintergrund. Die ursprüngliche Identifikation mit unserem niederen Selbst war auf das Leiden und die Krankheit zurückzuführen. Dennoch ist der Aufbau eines starken, flexiblen Ichs oder Objekt-Selbst, der einen Teil der Heilung des Kindes in uns ausmacht, in der Regel notwendig, bevor wir uns für eine längere Zeit in unser beobachtendes Selbst begeben können.

Gelassenheit und innerer Frieden

Wenn uns unsere Identität als beobachtendes Selbst und die heilende Kraft der Spiritualität erst einmal vertrauter geworden sind, können wir anfangen, uns einen Weg zu suchen, der zur Gelassenheit, zum inneren Frieden und zum Glück führt. Ich habe die folgende Beschreibung in gekürzter Form aus *Alcoholism and Spirituality* übernommen.

Die Rolle der Spiritualität

Wege zur Gelassenheit

1. Wir wissen nichts über unsere Reise, wir sind in unseren Möglichkeiten eingeschränkt (Demut). Wir können die »Gesetze« des Universums nur studieren, ihnen näherkommen und uns dann dazu bekennen, daß uns die letzten Erkenntnisse fehlen. Unter Berücksichtigung dieser Einschränkungen haben die weisen Menschen im Laufe der Jahrhunderte etwa das Folgende beschrieben:
2. Die höhere Macht ist in uns allen und wir sind in ihr.
3. Wir können unsere Wirklichkeit als hierarchisch angeordnete Bewußtseins- oder Seinsebenen betrachten.
4. Wir kehren heim (wir *sind* bereits jetzt zu Hause und waren es immer schon). Zu Hause sein bedeutet in dieser Welt, daß wir auf eine unverwechselbare und einzigartige Weise alle Ebenen unseres Bewußtseins sind.
5. Die Heimkehr wird von Konflikten begleitet sein (Melodrama, kosmisches Drama). Diese Konflikte oder kreativen Spannungen dienen einem bestimmten Zweck, wahrscheinlich unserer Heimkehr.
6. Wir können uns entscheiden, ob wir unseren Körper, unser Ich, unseren Verstand und unsere Beziehungen zur Welt, in der wir leben, dazu benützen wollen, unsere Trennung und unsere Leiden zu verstärken, oder ob wir sie als Vehikel für unsere Seele, für unseren Geist oder unser höheres Selbst benützen, um nach Hause zurückkehren zu können und die Heimkehr zu feiern.
7. Die höhere Macht (das Zuhause) ist die Liebe (Liebe ist wahrscheinlich die nützlichste Form, in der uns die höhere Macht begegnet).
8. Wir können die Hindernisse beseitigen, die zwischen uns und der Erkenntnis der höheren Macht stehen, indem wir Erfahrungen machen (dazu gehört das Leben im Hier und Jetzt), uns erinnern, verzeihen und uns hingeben (diese fünf Formen stellen letztlich ein und dasselbe dar.) Regelmäßige spirituelle Übungen erleichtern uns dieses Erkennen.

9. Trennung, Leiden und das Böse sind gleichbedeutend mit dem Fehlen der Liebe und daher letzten Endes Illusionen. Sie manifestieren darüber hinaus unsere Suche nach Liebe, Ganzheit und nach einem Zuhause. Das Böse oder die Finsternis stehen also letztlich im Dienste des Lichts.
10. Durch unser Denken und Handeln schaffen wir uns unsere eigene Geschichte. Was wir mit unserem Kopf und mit unserem Herzen denken und fühlen, realisieren wir in unserem Leben und Erleben. Was wir geben, empfangen wir. So wie es innen ist, ist es auch außen.
11. Das Leben ist ein Prozeß, eine Kraft, ein Fließen, das nicht wir leben, sondern das uns lebt. Wenn wir uns ihm hingeben, d.h. mit diesem Prozeß fließen und gleichzeitig die Verantwortung für unsere Teilnahme an diesem Prozeß übernehmen, werden wir Mitschöpfer. Wir können uns dann von unseren Leiden befreien, die dadurch entstehen, daß wir uns dem Strom unseres Lebens entgegenstellen.
12. Inneren Frieden oder Gelassenheit erreicht zu haben bedeutet, daß wir all das erkannt haben, anwenden und leben. Wir werden schließlich erkennen, daß wir immer schon selbst die Gelassenheit und unser Zuhause waren.

(Einige Quellen: A. Huxleys Ewige Philosophie, Christus, Tao, Muktananda, *Ein Kurs in Wundern*, Fox, Wilber, Lazaris, Schuan und viele andere Denker und weise Männer.)

Einige dieser Prinzipien werden durch folgende Fallgeschichte anschaulich gemacht. James, ein 42jähriger Mann, der in einer Alkoholikerfamilie groß geworden war, hatte einen Vater, der trank, und eine Mutter, die die Rolle einer stets beschwichtigenden Co-Abhängigen übernommen hatte. James selbst zeigte zwar in seinem Erwachsenenleben keine Merkmale eines Alkoholikers, beobachtete aber an sich selbst eine ungewöhnlich starke Verwirrtheit und einen ständig steigenden Leidensdruck. Er ging schließlich zu Al-Anon und nahm später ungefähr sechs Jahre lang mit einigem Erfolg an EKA-Selbsthilfe-

Die Rolle der Spiritualität

gruppen teil. Er beschreibt die große Bedeutung, die alle Spiritualität für seine Heilung hatte:

Ich ging in diesen Jahren oft zu Al-Anon und dann zu EKA-Selbsthilfegruppen, und zwar etwa zweimal pro Woche. Ich wollte unbedingt wieder gesund werden. Es sah zunächst ganz so aus, als würde ich es nicht schaffen, aber irgend etwas hinderte mich daran aufzugeben. Ich hatte immer geglaubt, ich müsse stark sein, was für mich das gleiche bedeutete wie unabhängig sein. Deshalb redete ich nicht viel. Ich dachte, ich könnte aus eigener Kraft, ohne fremde Hilfe wieder gesund werden. Für mich waren Schwäche und Vertrauen, Hingabe und Abhängigsein dasselbe, all das war für mich irgendwie krankhaft, und Leute, die so waren, waren für mich krank. Ich selbst hielt mich natürlich für viel gesünder und glaubte, ich sei besser dran als sie. Wenn ich heute an diese Zeit zurückdenke, betrachte ich das Ganze als eine Art Abwehrmechanismus, den ich brauchte, um zu den Treffen gehen zu können, ohne von meinen verborgenen Gefühlen überwältigt zu werden und mich mit den Veränderungen auseinandersetzen zu müssen, die ich machen mußte, um wieder gesund zu werden.

Auf einem dieser Treffen lernte ich eine Frau kennen, die außerordentlich arrogant und unglücklich war. Sie war mir so zuwider, daß ich ihr aus dem Weg ging und versuchte, die Treffen, an denen sie teilnahm, zu meiden. Für mich war sie ein hoffnungsloser Fall, und ich war fest davon überzeugt, besser zu sein als sie. Dann erlebte ich, wie sie sich veränderte. Sie verlor ihre Arroganz, behandelte mich und die anderen freundlicher und machte einen glücklichen Eindruck. Ohne es zu wollen, mußte ich zugeben, daß ich sie um diese positive Veränderung beneidete, ausgerechnet sie, von der ich nie viel gehalten hatte. Ich hätte selbst gern so etwas erlebt. Aber sie sprach *jetzt* auch über ihre höhere Macht. Damit hatte ich immer schon Schwierigkeiten gehabt und nie gewußt, was das sein sollte, obwohl ich sehr religiös aufgewachsen bin.

Ich fing also an, mir Gedanken darüber zu machen, was wohl mit ihr geschehen war und ob ich nicht vielleicht auch etwas von dem Frieden oder dem Glück abbekommen könnte. Ich dachte viel nach und gab mich meinen Gefühlen hin.

Hinter mir lagen 40 unglückliche, verwirrte Jahre. Ich fing an, spirituelle Literatur zu lesen und zu beten. Ich hatte seit meiner Kindheit schon öfter versucht zu beten, aber jetzt war das etwas anders. Ich war wahrscheinlich ehrlicher und demütiger. Dann erlebte ich einige Monate später eine Art Verwandlung, die sich über zwei Wochen erstreckte. Meine Einstellung veränderte sich, und der Groll, den ich meinem Vater und anderen Menschen gegenüber empfunden hatte, verschwand. (Ich hatte natürlich schon vorher an meinem Zorn und an den anderen Gefühlen und Problemen gearbeitet.) Ich begann, an eine höhere Macht zu glauben, obwohl ich das vorher nie gekonnt hatte. Der Begriff Glück bekam für mich eine neue Bedeutung: Ich definierte ihn zuerst als Gesundheit, bis mir klarwurde, daß Glück etwas damit zu tun hat, daß man andere Menschen braucht und sich ihnen und einem spirituellen Programm hingibt. Und das war das Entscheidende.

James' Geschichte veranschaulicht verschiedene Prinzipien, die mit dem Erreichen des Zustands der Gelassenheit zusammenhängen (siehe Aufstellung weiter oben). Zuerst erlebte er einen Konflikt und einen Kampf (Punkt 5 der Aufstellung). Er benützte diesen Kampf bei seiner unangenehmen Beziehung zu der Frau, die er nicht leiden konnte, als Vehikel für seine spirituelle Evolution und Weiterentwicklung (Punkt 6). Der Konflikt und sein Schmerz wurden ihm bewußt, und er begann, regelmäßige spirituelle Übungen durchzuführen – er betete (Punkt 8). Dann bat er um das, was er haben wollte, dieses Mal aufrichtig und voller Demut (Punkt 10), und gab sich dem Prozeß des Lebens hin (Punkt 11). Schließlich fand er das, was er suchte, und zwar in sich selbst und nirgendwo anders (Punkt 12).

Konventionelle oder traditionelle Ansichten über das Erreichen des Zustands der Gelassenheit, des inneren Friedens oder des Glücks gehen davon aus, daß man entweder Lust suchen oder Schmerz vermeiden soll oder beides gleichzeitig. Bei der Methode des *Suchens* kann die Glücksuche vom Hedonismus bis zur Konzentration auf andere Menschen (was letzten Endes zur Co-Abhängigkeit führen kann) und zum »Bravsein« reichen, damit man schließlich nach dem Tode einen Anspruch auf Frieden im Himmel hat. Bei der Methode der *Vermeidung von Schmerz* ignorieren wir den Schmerz, distanzieren uns von ihm oder vermeiden Situationen, die uns in Konflikte bringen könnten. Wir müssen uns dann allerdings fragen: »Hat dieses Suchen oder Vermeiden uns jemals einen dauerhaften Frieden, Glück oder Gelassenheit gebracht?« Wenn ich anderen Menschen oder mir selbst diese Frage stelle, lautet die Antwort gewöhnlich nein.

Als Reaktion fühlen wir uns entweder verletzt und sind enttäuscht, weil wir nicht in der Lage sind, glücklich zu sein, und projizieren unsere Schmerzen auf andere. Oder wir fangen an, den ganzen Prozeß zu *beobachten*, und können nun erkennen, wie sich unser co-abhängiges Selbst verengt und verkrampft, wenn wir unglücklich sind. In diesem Fall gelingt es uns, allmählich zu erkennen, daß das Glück nicht etwas ist, was wir *erreichen* können, sondern daß das Glück, der innere Frieden oder die Gelassenheit eigentlich etwas ist, das unserem *natürlichen Zustand* entspricht. Jenseits all dessen, was wir zu unseren Gefühlen und unserem Erleben *hinzufügen*, das heißt jenseits unserer Selbsteinengung, liegt die wahre Gelassenheit. Um das erkennen zu können, braucht man nichts zu tun, man kann nicht einmal etwas tun. Auch wenn wir auf unserem Zeugnis nur Einsen haben, nützt das nichts. Weder drei Rolls Royce, eine Million Dollar, die »richtige« Frau noch der »richtige« Mann haben etwas damit zu tun. Wir können unser Glück weder verdienen noch erarbeiten, und man kann auch nie sagen, daß wir es verdient hätten. Es gehört uns ganz einfach von Natur aus, hat uns schon immer gehört und wird uns immer gehören.

Ich kann gut verstehen, daß es erwachsenen traumatisierten Kindern schwerfällt, sich den Gedanken zu eigen zu machen, daß wir von Natur aus glücklich sind. Wenn wir aber das Kind in uns heilen, fällt es uns mit der Zeit immer leichter zu erkennen, daß wir schon glücklich sind und immer glücklich sein werden. Ich habe herausgefunden, daß tägliche spirituelle Übungen – wie zum Beispiel Meditieren oder Beten und das Lesen von spiritueller Literatur – mir helfen, meinen Frieden zu finden.

Der eine oder andere Leser wird das Konzept der »Spiritualität« möglicherweise mit Skepsis betrachten. Manch einen mag es sogar verwirren. Andere werden womöglich nicht daran glauben und unter Umständen sogar das Gefühl haben: »Hier hat sich der Autor aber mächtig verrannt!« Im Gegensatz dazu findet mancher vielleicht Trost, wenn er das liest, und wieder andere können vieles von dem angebotenen Material gut gebrauchen. Ganz gleich, wie Sie reagieren, bitte ich Sie, folgen Sie ihren Reaktionen und Instinkten. Denken Sie über alles nach, reden Sie darüber, wann immer Sie das für angebracht halten. Benützen Sie das, was Sie gebrauchen können, und vergessen Sie den Rest. Spiritualität hat mir selbst geholfen, und ich habe erlebt, wie sie Hunderten von anderen Menschen geholfen hat, das Kind in sich zu heilen.

Anhang

Eine Bemerkung zu den Therapiemethoden

Viele Kliniker, die mit erwachsenen Kindern von Alkoholikern oder aus anderen gestörten oder dysfunktionalen Familien arbeiten, halten die *Gruppentherapie* für die Therapiemethode der Wahl. Auch ich glaube, daß man das so sehen kann, vorausgesetzt die Therapie umfaßt ein *vollständiges Programm*, darunter:

- Behandlung jeder Art von aktiver Sucht und jedes Zwangsverhaltens (zum Beispiel aktiver Alkoholismus/Co-Abhängigkeit, Eßsucht usw.),
- Teilnahme an Selbsthilfegruppen, die Einbeziehung eines Sponsors und das Durcharbeiten eines 12-Schritte-Programms oder einer ähnlichen therapeutischen Maßnahme,
- Information des Patienten über seine Störung und über die Methoden der Therapie,
- stationäre Behandlung – kurz und intensiv; je nach Wunsch oder Indikation,
- Einzeltherapie oder Beratung, wenn angezeigt.

Ich bin der Meinung, daß diese Komponenten zu einem ganzheitlichen körperlichen, geistigen, seelischen und spirituellen Therapieprogramm gehören sollten. Unter Berücksichtigung dieser Vorbehalte möchte ich im folgenden auf *einige Vorteile* der *Therapiemethode unserer Wahl* hinweisen – der Gruppentherapie.

Vorteile der Gruppentherapie für erwachsene Kinder

1. Das einzelne Gruppenmitglied hat mehrere »Therapeuten« und nicht nur einen (ich empfehle eine Gruppengröße von sieben bis zehn Mitgliedern je nach Regelmäßigkeit der Teilnahme, die von zwei Gruppenleitern betreut werden.)
2. Die Gruppe stellt Zustände, wie sie in der Familie geherrscht haben, wieder her, und bietet damit die Gelegenheit, seelische Bindungen, Konflikte und Kämpfe (Übertragung, Projektion), die mit der eigenen Familie assoziiert werden, zu verarbeiten.
3. Der einzelne erlebt am Vorbild der anderen die verschiedenen Phasen des Heilungsfortschritts. Besonders motivierend und heilsam ist es, wenn man erleben kann, wie Menschen in die Gruppe kommen und definitive und in ihrem Leben mitunter dramatische positive Veränderungen durchmachen und das Kind in sich heilen.
4. Unter der Leitung entsprechend gut ausgebildeter Gruppenleiter kann die Gruppe bestimmte Problembereiche bearbeiten, die alle Aspekte der körperlichen, geistigen, seelischen und spirituellen Heilung umfassen.
5. Weiterhin gibt es die allgemein bekannten Vorteile der Gruppentherapie, wie zum Beispiel Identifikation, Bestätigung, Feedback, angemessene Konfrontation, Unterstützung und viele andere nützliche Faktoren einschließlich der Dynamik der Gruppentherapie.

Es dauert in der Regel drei bis fünf Jahre, bis man ein solches vollständiges Therapieprogramm abgeschlossen und genügend Geschick und Elan entwickelt hat, um die negative Konditionierung, die Opferhaltung und den Wiederholungszwang zu überwinden und das innere Kind zu heilen.

Die Heilung ist kein intellektueller oder rationaler Prozeß. Und sie ist nicht leicht. Sie ist ein empirischer Prozeß, der aus Aufregung, Enttäuschung,

Anhang

Schmerz und Freude besteht und insgesamt von einer Weiterentwicklung der Persönlichkeit geprägt ist. Eine solche Therapie erfordert Mut. Auch wenn man den Prozeß der Heilung des Kindes in uns eigentlich mit Worten kaum beschreiben kann, wollte ich es hier einmal versuchen.

Literatur

Beattie, M.: *Die Sucht, gebraucht zu werden*, Heyne, München 1990.
— *Unabhängig sein*, Heyne, München 1990.
Black, C.: *Mir kann das nicht passieren*, M. Bögner-Kaufmann, Wildberg 1988.
Bowlby, J.: *Verlust, Trauer und Depression*, Fischer, Frankfurt a.M., 2. Aufl. 1987.
— *Das Glück und die Trauer*, Klett-Cotta, Stuttgart 1982.
Briggs, D.C.: *Selbstvertrauen wirkt Wunder*, Ehrenwirt, München, 3. Aufl. 1986.
Brooks, C.: *Erleben durch die Sinne*, DTV, München 1991.

Campbell, Josef: *Der Heros in tausend Gestalten*, Suhrkamp, Frankfurt 1979.
A Course in Miracles, Found. for Inner Peace, Tiburon (Cal.) 1976; dt.: *Ein Kurs in Wundern*, Greuthof Verlag, Freiburg, ca. 1993.

Dossey, Larry: *Wahre Gesundheit finden*, Knaur, München 1991.
DSM III, Diagnostische Kriterien und Differentialdiagnosen, Beltz, Weinheim 1989.

Ferguson, M.: *Die sanfte Verschwörung*, Droemer-Knaur, München 1984.
Forward, S., & Buck, C.: *Vergiftete Kindheit*, C. Bertelsmann, München 1990.
Fossum, M.A., & Mason, M.J.: *Aber keiner darf's erfahren. Scham und Selbstwertgefühl in Familien*, Kösel, München 1992.
Fox, E.: *Macht durch positives Denken*, P. Erd, München, o.J.
Freud, A.: *Das Ich und die Abwehrmechanismen*, Fischer, Frankfurt, 12. Aufl. 1988.

Helmstetter, S.: *Anleitung zum positiven Denken*, PAL-Verlag, Berlin 1988.
Huxley, A.: *Die ewige Philosophie*, Piper, München 1987.

Jacoby, M.: *Scham – Angst und Selbstwertgefühl*, Walter, Olten 1991.

Anhang

Jung, C.G.: *Vom Werden der Persönlichkeit*, Wien 1932. Gesammelte Werke, Band 17, Walter, Olten 1982.

Kohut, Heinz: *Die Heilung des Selbst*, Suhrkamp, Frankfurt a.M. 1981.

Lambrou, Ursula: *Im Sog der Abhängigkeit*, Rowohlt, Reinbek 1990.

Lazaris: *Die Lazaris-Botschaft*, Goldmann, München 1990.

Lindemann, E.: *Jenseits von Trauer*, Vandenhoek & Ruprecht, Göttingen 1985.

Matthews-Simonton, S.: *Wieder gesund werden*, Rowohlt, Reinbek 1982 (dto. Kassette).

Miller, Alice: *Das Drama des begabten Kindes*, Suhrkamp, Frankfurt a.M. 1983.
— *Du sollst nicht merken*, Suhrkamp, Frankfurt a.M. 1981.
— *Am Anfang war Erziehung*, Suhrkamp, Frankfurt a.M. 1983.
— *Bilder einer Kindheit*, Suhrkamp, Frankfurt a.M. 1985
— *Das verbannte Wissen*, Suhrkamp, Frankfurt a.M. 1988.

Missildine, W.H.: *In dir lebt das Kind, das du warst*, Klett-Cotta, Stuttgart, 6. Aufl. 1987.

Moss, R.: *Krankheit – Tor zur Wandlung*, Ansata, Interlaken 1986.

Peck, M.S.: *Der wunderbare Weg*, Bertelsmann, München 1986.

Satir, Virginia: *Familienbehandlung*, Lambertus, Freiburg, 6. Aufl. 1987.
— *Kommunikation, Selbstwert, Kongruenz*, Junfermann, Paderborn 1990.

Schaef, A.W.: *Co-Abhängigkeit*, Heyne, München 1992.

Siegel, B.S.: *Prognose Hoffnung*, Econ, Düsseldorf 1988.
— *Mit der Seele heilen*, Econ, Düsseldorf 1991.

Spitz, R.: *Die Entstehung der ersten Objektbeziehungen*, Klett-Cotta, Stuttgart, 4. Aufl. 1988.
— *Vom Säugling zum Kleinkind*, Klett-Cotta, Stuttgart 1987.

Vaughan, F.: *Die Reise zur Ganzheit*, Kösel, München 1990.

Viorst, J.: *Mut zur Trennung*, Hoffmann und Campe, Hamburg 1988.

Ward, M.: *Nutze den Schmerz*, Verlag für angewandte Kinesiologie, Freiburg 1991.

Wegscheider, S.: *Es gibt doch eine Chance*, Bögner-Kaufmann, Wildberg 1987.

Wilber, Ken: *Wege zum Selbst,* Kösel, München 1986.
- *Die drei Augen der Erkenntnis,* Kösel, München 1988.
- *Das Spektrum des Bewußtseins,* Scherz, München 1987.
- *Das Atman-Projekt,* Junfermann, Paderborn 1990.

Williams, S.K.: *Durch Traumarbeit zum eigenen Selbst,* Ansata, Interlaken, 2. Aufl. 1987.

Woititz, Janet G.: *Sehnsucht nach Liebe und Geborgenheit,* Kösel München 1991.
- *Um die Liebe betrogen,* Kösel, München 1990.
- *Heilen der Sexualität,* Verlag für Medizin und Neues Bewußtsein, Wessobrunn 1992.

Winnicott, D.W.: *Aggression,* Klett-Cotta, Stuttgart 1988.
- *Bruchstück einer Psychoanalyse,* Klett-Cotta, Stuttgart 1982.
- *Familie und individuelle Entwicklung,* Fischer, Frankfurt 1984.
- *Piggle,* Klett-Cotta, Stuttgart 1980.
- *Reifungsprozesse und fördernde Umwelt,* Fischer, Frankfurt a.M., 2. Aufl. 1982.
- *Vom Spiel zur Kreativität,* Klett-Cotta, Stuttgart, 4. Aufl. 1987.

Anhang 197

Nützliche Adressen

Auch im deutschsprachigen Bereich gibt es inzwischen etliche EKA-Gruppen. Die Adressen sind zu erfahren bei:

EKA Deutschland
Zentrale Kontaktstelle
Adalbertstr. 10a
6000 Frankfurt a.M. 90

Al-Anon-Gruppen für die Angehörigen von AlkoholikerInnen sind weit verbreitet. Die Adresse des zentralen Dienstbüros der Al-Anon-Familiengruppen, die auch Hinweise auf Faliliengruppen für Erwachsene Kinder von Alkoholikern gibt:

Emilienstr. 4
4300 Essen
Tel.: 0201 / 77 30 07

Gruppen der Anonymen Alkoholiker (AA) gibt es überall. Die Adressen sind in der lokalen Presse, bei Beratungsstellen oder beim gemeinsamen Dienstbüro der AA in der BRD zu erfahren:

Postfach 46 02 27
8000 München 46
Tel.: 089 / 316 43 43

Auch Suchtberatungsstellen und andere kirchliche oder staatliche Beratungsstellen gibt es in jeder Stadt. Hier können Sie die Adressen weiterer Gruppen erfahren:

Deutsche Hauptstelle gegen die Suchtgefahr e.V.
Westring 2
4700 Hamm
Tel.: 02381 / 901 50

Weitere nützliche Adressen:

Deutscher Kinderschutzbund e.V.
Drostestr. 14-16
3000 Hannover 1
Tel.: 0511 / 32 91 35

NAKOS – Nationale Kontakt- und Informationsstelle zur Anregung und Unterstützung von Selbsthilfegruppen
Albrecht-Achilles-Str. 62
1000 Berlin 31
Tel.: 030 / 891 40 19

**Bücher
zur Unterstützung auf dem Weg.**

**Bücher
zum Entdecken
und Wiedererwecken
des wahren Selbst.**

Soweit Sie für Ihre Institution oder Selbsthilfegruppe
Sonderinformation benötigen, oder nur einfach über weitere
kommende neue Buchtitel informiert werden möchten,
wenden Sie sich bitte an uns:

**Medizin & Neues Bewußtsein
Ettalstr. 42 a, 8 München 70
Tel.: (0 89) 7 14 08 14, Fax: (0 89) 71 32 24**